JN023926

フランス語動詞を使いこなす

石野好一

白水社

装幀・本文デザイン	畑中 猛（ベーシック）
イラスト	石原 昭男
協力	Maurice Jacquet

はじめに

「動詞は文のかなめ」と言われます。そして「動詞を制するものはフランス語を制す」と言われることもあります。なぜでしょうか。

理由のひとつは、活用を覚えることが大変だからでしょう。でもそれはあまり本質的なことではないような気がします。フランス語の動詞の数は1万ぐらいありますが、そのほとんどは規則動詞です。我々を悩ます不規則動詞は数百語しかありません。たしかにその不規則動詞が、日常もっともよく使われます。とはいえ、覚えればいいことです。よく使うのですから、使いながら覚えればいいのです。

もっとだいじなことは、「動詞が構文を決める」ということです。話すとき，私たちはまず伝えたいことをどのような文で表現するかを決めないといけません。そのときフランス語では、動詞がどのような性質を持っているかが重要なポイントになります。その意味で、動詞はフランス語の文のかなめなのです。

動詞の性質とは何か。自動詞か他動詞か、目的語をとるか(とるならいくつとるか)、不定詞をとるか、que節をとるか(直説法 / 接続法)といった文法的な情報です。

しかも動詞の持つ情報はそれだけではありません。どういう主語や目的語をとるのか。「人 / もの」というレベルから、「具体物 / 抽象物」「場所 / 時間」などといったさまざまな意味的情報があります。さらに、どういう前置詞をとると意味がどう変わるのか。代名動詞にすると意味がどうなるのか。

動詞を使いこなすということは、これらの情報を知り、動詞を正しく効果的に使うということです。そのためには、動詞の意味の本質をつかみ、そこから派生するさまざまなニュアンスをとらえる必要があります。これはフランス語の理解力、表現力につながるものです。

本書は、そのようなより高いフランス語能力を身につけたい方々にいくらかでもお役に立てばと思って作ったものです。本書が、皆さんがフランス語を制する一助となることを願っています。

2020年4月　著者

目次

第2章　代名動詞を使いこなす

第3章　動詞のニュアンスを使いこなす

第１章
基本動詞を使いこなす

この章では、規則動詞・不規則動詞を問わず、日常よく使う10 動詞を取り上げます。それらを用いたさまざまな表現、言いまわしを紹介しながら、その基本的な意味とニュアンス、そしてその動詞の可能性を探ります。
各動詞はできるだけ表現形式を基礎にまとめています。それは表現形式が意味と無関係ではないという考えに基づいています。

1 être

êtreは「AはBだ」というように2つのものをつなぐ働きをしますが(p.12コラム参照)、前置詞と組み合わせてさまざまな表現をつくります。以下に、être à ..., être de ..., être pour ...の表現を見ていきましょう。

être à ...

前置詞àの基本的意味「方向」「地点」とàに続く名詞句の内容によって、いくつかの意味に分れます。

être à + 人

所有・所属。「〜の所有物である」「〜に属する」「〜のものだ」

êtreの活用形とàはリエゾンします。 類義 appartenir à + 名詞句

À qui *est* cette voiture ?　– C'*est* [Elle *est*] *à* moi.
「この車は誰のですか？」「私のです」

Monsieur, je *suis à* vous.　ご用件をどうぞ(←私はあなたに応対している)。

être à + 名詞句(もの・こと)

状態・継続・従事・傾向。「〜しているところだ」「〜に従事している」

強調のtout(e)とともに用いると「〜に没頭している」。主語は一般的に人。

Ton père *est au* travail [*au* régime]. Ne le dérange pas.
お父さんは仕事中[ダイエット中]だから、じゃましちゃだめだよ。

Le temps *est à* l'orage [*à* la pluie / *à* la neige].　荒れ[雨/雪]模様だ。

Elle *est* toute *à* son travail.　彼女は仕事(勉強)に没頭している。

être à + 不定詞

1) 状態・継続・従事。「〜しているところだ」

主語は一般的に人です。êtreとàの間にしばしば時や場所の副詞句がつきます。 類義 être en train de + 不定詞

Je *suis* ici *à* l'attendre.　私はここで彼を待っているところだ。

Il *est* toujours *à* regarder la télévision.　彼は今もテレビを見ている。

Elle *a été* trois mois *à* fréquenter l'auto-école.
彼女は3ヵ月間自動車学校に通った。

Il *était à* écrire sa lettre quand je suis arrivé.
私が到着したとき彼は手紙を書いていた。

なおici, toujoursなどの副詞句がないと、古くさく気取った感じがします。

2）必要・目標・予定。「〜に値する」「〜されるべきだ」「〜ことになっている」

àに続く不定詞は他動詞。主語が人の場合、動詞はménager（調整する）、plaindre（憐れむ）などがよく使われます。**類義** doit être + 過去分詞

Tes devoirs *sont à* refaire. 君の宿題はやり直しだ。

Il *est à* ménager. 彼は手加減してやるべきだ。

Il *est à* battre. あいつは嫌な奴だ(←たたかれるべきだ)。

1）2)のどちらとも決めがたい場合もあります(用途)。

Ce terrain *est à* vendre. この土地は売却用(売り出し中)です。

3）程度。「〜するほどだ」

主語は事柄を受けるceが一般的で、〈 c'est à + 不定詞 〉の形をとります。やや感情的な表現です。

Elle rit beaucoup : c'*est à* me faire croire qu'elle est folle.
彼女は大笑いしている。狂っていると思わせるほどだ。

être de ...

前置詞deの基本的意味「起点」から、いくつかの意味が派生します。

être de + 名詞句（場所・人・もの）

起源・出身・所属。「〜から出た」「出身である」「〜に属す」

Moi, je m'appelle Henri Nakano. Je *suis de* Yokohama.
私は中野アンリといいます。横浜出身です。

Cette peinture *est* peut-être *de* Cézanne. – Ce n'est pas possible !
「この絵はセザンヌのかもしれない」「まさか！」

Je ne *suis* pas *d'*ici. 私はここの所属(出身)ではない。

Je peux *être des* vôtres ? あなたの会(仲間)に入っていいですか？

être de + 名詞句（もの・こと）

性質・タイプ。「(かなり) 〜という性格だ」「〜なたちだ」

主語は人・もの。強調表現、あるいはややあらたまった表現です。

類義 très + 形容詞

Il *est d'*une grande patience. 彼はかなり忍耐強い。

Ce type *est d'*une ignorance incroyable. こいつは信じられないほど無知だ。

être de＋名詞句(数量)

数値。「〜 (の数)になる」

主語はle nombre(数)、le taux(割合)、le prix(価格)、la longueur(長さ)など数量に関係するもの。

Le nombre des employés *est de* cinquante. 従業員の数は50人になる。

比較 On est 15. 私たちは15人です。　＊人が主語のときはdeは不要

Le taux d'augmentation *est de* 20 %.

上昇率は20%です。

être pour ...

前置詞pourの基本的意味「目標」「方向性」「対応性」から、いろいろな意味が派生します。

être pour + 名詞句(人・もの)

方向・目的。「〜のためだ」「〜を対象にしている」

主語はものです。

Cette lettre *est pour* qui ? この手紙は誰にあてたものですか？

Ces fleurs *sont pour* son anniversaire. この花は彼(女)の誕生日のためです。

être pour + 名詞句(人・こと)

支持・賛同。「〜の味方だ」「〜に賛成だ」。

主語は人です。p.11〈être pour＋不定詞〉の2)も参照。

Je *suis pour* cette idée. 私はその考えに賛成だ。

Il *est pour* Jacques et moi, je *suis pour* Mireille.

彼はジャックを支持するが、僕はミレイユを支持する。

Vous *êtes pour* ou contre ce projet ?

あなたはその計画に賛成ですか反対ですか。

参考 Je suis pour. 私は賛成だ。　＊この場合のpourは目的語をとらず、形容詞的

être pour + 名詞句(時)

予定・時期・期間。「〜の予定だ」「〜の時になる」「〜の期間にあたる」

主語はもの・できごと。

Notre réunion *est pour* demain. 私たちの会合は明日です。

Mes vacances *sont pour* bientôt. 私の夏休みはもうすぐです。

Je *suis* à l'hôpital *pour* deux mois. 私は病院に2ヵ月います。

être pour + 名詞句(程度)

関与の度合い・貢献度。「〜だけ関係している・貢献している・責任がある」

名詞句は程度を表す成句(ne) rien, beaucoup, pas grand-chose, peu (de chose)などが続きます。関与の対象は、〈 dans + 名詞句 〉やy être pour, n'y être pour rienのようにyで示します。

Elle *est pour* beaucoup dans cette affaire.
その件に関しては彼女が大いに関与した。

J'*ai été pour* peu dans le succès de ce concert.
そのコンサートの成功には私はあまり貢献しなかった。

Son échec n'y *est pour* rien. 彼の失敗はそれには何の関係もない。

être pour + 名詞句(損失)

損失の内容。「〜だけ損した」

en être pourのようにenを伴い、不満の気持ちが感じられます。

J'en *suis pour* dix mille euros. 私は1万ユーロ損した。

J'en *suis pour* ma peine. 骨折り損だ(←苦労した分だけ損した)。

être pour + 不定詞

1)目的。「〜のためだ」

主語はもの・こと。

Ce lapin n'*est* pas *pour* manger. このウサギは食用ではありません。

C'*est pour* rire. 冗談です(←笑うためです)。

2)支持・賛意。「〜することに賛成だ」

話し言葉です。主語は人。

Nous *sommes pour* renoncer à la guerre. 我々は戦争放棄に賛成だ。

3)行為の直前・起動。「今まさに〜しようとしている」「〜するところだ」

主語は人です。 **類義** être sur le point de

On *est pour* partir. 私達は今出発するところだ。

Il *était pour* s'enfuir. 彼はちょうど逃げ出すところだった。

4) ne pas être pour + 不定詞

可能性の否定。「〜することはない」「〜のおそれはない」「〜するほどではない」

主語はもの・こと。3)の否定とも考えられます。

Ce (Ça / Cela) n'*est* pas *pour* me choquer.

それで私が不愉快になることはない。

Je suis plutôt café.

食堂で「私はウナギだ」と言えば、日本語では「私が注文する(した)のはウナギだ」の意味になります。「ウナギ文」と言われているものです。フランス語のêtreは「AはBだ」というように2つのものをつなぐ働きをしますが、同じ意味で« Je suis anguille. »とは言えません。ところが、フランス語でも「ウナギ文」のような言い方があります。

Lequel préférez-vous, le café ou le thé ?

– Moi, je *suis* plutôt café.

「コーヒーと紅茶とどちらが好きですか?」「私はむしろコーヒー党です」

ただし、日本語とはややニュアンスが違います。いくつかの選択肢の中から、「私は(お茶などではなく)コーヒーが好きです」「私はコーヒー派です」というように個人的な好みを表し、plutôtなど比較やtrèsなどの程度の表現とともに用いられるのが普通です。

Je *suis* très café. とてもコーヒーが好きだ。(×Je suis café.)

Je *suis* très cinéma. 私は(小説・テレビよりも)とても映画が好きです。

また、複数名詞ではあまり言いません(×Je suis très journaux.)。

trèsをつけることができることからもわかるように、これらの文ではêtreは「X = Y」の意味ではなく、属性・性質を説明する用法だといえます。

練習問題 1

A 日本語の意味に合うように、選択肢から適切な語を選びましょう。

ⓐ à　ⓑ de　ⓒ pour

1. Ce dictionnaire est (　　　) moi.　この辞書は私のです。
2. Elle est (　　　) cette proposition.　彼女はこの提案に賛成です。
3. Je suis (　　　) ce quartier.　私はこの辺りの者です。
4. Je n'y suis (　　　) rien.　それは私のせいではない。
5. La distance est (　　　) 10 km.　距離は10キロです。
6. C'est seulement (　　　) regarder.　単に鑑賞するためです。
7. Des erreurs sont (　　　) éviter.　間違いは避けられなければならない。
8. Je ne suis pas (　　　) continuer cette méthode.
   私はこの方法を続けることに賛成ではない。
9. Ma mère est maintenant (　　　) traduire un roman français.
   母はフランスの小説を翻訳中だ。
10. Ils étaient (　　　) sortir.　彼らはちょうど出かけるところだった。

B 日本語に訳しましょう。

1. Cet appartement *est à* louer. Ce n'*est* pas *à* vendre.
2. Mes vacances *sont de* deux mois.
3. La loi *est pour* nous.
4. *D'*où *êtes-vous* ?　– Je *suis du* Midi.
5. Son histoire *est à* vérifier.
6. J'*étais pour* sortir quand on a frappé à la porte.
7. Un peu de patience... Je *suis à* vous dans dix minutes.
8. Dix kilomètres, ce n'*est* pas *pour* me faire peur.

2 avoir

フランス語は「持つ(avoir)」言語、日本語は「ある(être)」言語と言われます。日本語の「勇気がある」を、フランス語ではavoir du courage(勇気を持つ)と言うように、能動的な表現を好むからです。したがってavoirはフランス語らしさを浮き立たせる動詞だといえます。その意味は「所有」からさまざまに拡張されています。

avoir à ...

êtreと同様に、前置詞àとの組み合わせで表現をつくります。

avoir à + 不定詞

義務。「〜しなければならない」「〜すべきことがある」

J'*ai à* te parler. 僕は君に話をしなければならない。

J'*ai à* cesser de fumer. 私は禁煙しなければならない。

主語は人、とくにjeがよく見られます。主語は不定詞の動作主体です。

比較 être à + 不定詞(p.9)の2)では主語が不定詞の動作の対象でした。

この表現のもとになったのは次の構文です。

avoir + 名詞句 + à + 不定詞

「〜すべきもの・こと・(人)がある」

この表現では不定詞は他動詞、名詞句はその目的語です。

J'*ai* quelque chose *à* te dire. 僕は君に言わなければならないことがある。

Ce pays *a* un grand rôle *à* jouer. この国は果たすべき重要な役割がある。

この構文から名詞句が落ちたのが上述の〈 avoir à + 不定詞 〉です。英語の対応表現にhave to doがあります。

n'avoir pas à + 不定詞

義務の否定。「〜する必要が(は)ない」「〜には及ばない」

〈 avoir à + 不定詞 〉の否定形です。p.16の〈 il n'y a pas à + 不定詞 〉も参照。

Vous *n'avez pas à* lui répondre. 彼(女)に返事をするには及ばない。

On *n'a pas à* retourner chez eux. 連中の所に戻る必要はない。

Vous *n'avez pas à* prendre le taxi. Ce n'est pas si loin.

タクシーを使う必要はありません。そんなに遠くないですから。

ne ... plus（もはや〜ない）を用いることもできます。

Tu *n'as plus à* revenir. 君はもう戻ってくる必要はないよ。

n'avoir qu'à + 不定詞

限定的義務。「〜しさえすればよい」「〜するだけでよい」

〈 avoir à + 不定詞 〉+〈 限定の ne ... que 〉で「すべき（ことは）」+「〜しかない」。

比較 il n'y a qu'à + 不定詞 (p.17)

Tu n'*as qu'à* signer ici. ここにサインするだけでいい。

Avec ce bouton, vous *n'avez qu'à* appuyer.
このボタンを押すだけでいいのです。

On *n'a qu'à* voir. C'est tout. 見さえすればいいんだ。それだけだよ。

n'avoir plus qu'à + 不定詞

最終手段・義務。「もはや〜よりしかたがない」「あとは〜するだけだ」

〈 avoir à + 不定詞 〉+〈最終的限定の ne ... plus que 〉で「すべき（ことは）+もはや〜しかない」。 比較 il n'y a plus qu'à + 不定詞 (p.17)

Vous *n'avez plus qu'à* l'accepter. もはやそれを受け入れるほかはない。

Tu *n'as plus qu'à* prier. あとは祈るしかないよ。

Je *n'ai plus qu'à* photocopier. あとはもうコピーを取るだけだ。

il y a ...

「持つ」言語であるフランス語は「〜がある」という存在さえも avoir で表します。

il y a + 名詞句（人・もの）

存在。「〜がいる・ある」

非人称表現です。直訳すると「（何者かが）そこに〜を持っている」で、「持つ」言語らしい言い方です。

***Il y a* un chat sur le séchoir.** 乾燥機の上に猫がいる。

***Il y a* une cinquantaine de personnes dans cette salle.**
このホールには50人ほどがいる。

Sur le toit, *il y a* un coq de clocher. 屋根には風見鶏がある。

***Il* n'*y a* plus de vin dans le tonneau.** 樽の中にはもうワインがない。

この表現は基本的に話し言葉です。

類義 il existe + 名詞句　＊書き言葉ではこの言い方を用います

Il *existe* de nombreux animaux sur cette planète.

この星（地球）には多くの動物がいる。

il y a + 名詞句（こと）

できごと・催しものなど。「～がある」「行われる」

過去形や未来形もよく見られます。この意味ではil existeは用いません。

L'année dernière, *il y a eu* un incendie près d'ici.

去年、この近くで火災があった。

La semaine prochaine, *il y aura* un examen. 来週、試験があります。

il y a + 名詞 et 名詞

多種多様な存在。「～には多様な種類がある」「～といってもいろいろある・いる」

同じ無冠詞名詞（単数形か複数形）を繰り返します。

***Il y a* homme(s) *et* homme(s).** 男といってもいろいろいる。

***Il y a* femme(s) *et* femme(s).** 女もさまざまだ。

***Il y a* vin(s) *et* vin(s).** ワインにも（ピンからキリまで）いろいろある。

***Il y avait* ami(s) *et* ami(s).** 友だちといってもいろいろいた。

繰り返しが「たくさん」を表すのは多くの言語で見られますが、この言い方は単に数量の問題ではなく、種類の多様性を意味します。

il n'y a ...

il n'y a pas à + 不定詞

義務の否定。「～する必要はない」「～しなくてよい」

p.14の〈 n'avoir pas à + 不定詞 〉の非人称表現です。具体的な人を主語にせず、一般論として言います。

***Il n'y a pas à* l'abandonner.** それを放棄する必要はない。

***Il n'y a pas à* préparer de telles choses.** そんなものを準備する必要はない。

肯定形はあまり使いません。

類義 il n'est pas nécessaire de + 不定詞、on n'a pas à + 不定詞

il n'y a plus à + 不定詞

義務の否定。「もはや～する必要はない」「もう～しなくてよい」

類義 il n'est plus nécessaire de + 不定詞、on n'a plus à + 不定詞

Il n'y a plus à **préparer de telles choses.**

もうそんなものを準備する必要はない。

Tout est fini. *Il n'y a plus à* s'inquiéter.

すべては終わった。もう心配しなくていい。

il n'y a qu'à + 不定詞

限定的義務。「～するだけでよい」「～しさえすればよい」

類義 il suffit de + 不定詞、on n'a qu'à + 不定詞

Il n'y a qu'à **pousser le bouton.** ボタンを押すだけでよい。

Il n'y a qu'**à les préparer.** それらを準備するだけでよい。

il n'y a plus qu'à + 不定詞

最終手段・義務。「もはや～するしかない」「あとは～するだけだ」

類義 on n'a plus qu'à + 不定詞

Il n'y a plus qu'**à les préparer.** もうそれらを準備するしかない。

Il n'y a plus qu'**à le lui confier.** もはやそれを彼(女)に打ち明けるしかない。

il n'y a rien à + 不定詞

義務の全否定。「何も～することがない」

類義 on n'a rien à + 不定詞

Il n'y a rien à **préparer.** 何も準備するものがない。

Il n'y a rien à **dire.** 何も言うことはない。

il n'y a pas de quoi + 不定詞

必要性の否定。「～する必要性・理由はない」「～するほどのことはない」

類義 il n'est pas nécessaire [indispensable] de + 不定詞

Il n'y a pas de quoi **pleurer.** 泣くことはない(必要はない)。

Il n'y a pas de quoi **dire merci.** お礼を言うほどのことはない。

お礼に対する返事として次のように省略されます。

Merci beaucoup ! – (Il n'y a) ***pas de quoi.***

「どうもありがとう!」「どういたしまして」

この場面では、je vous en prie, ce n'est rien も同義です。

まぎらわしい表現

n'avoir que faire de + 名詞句

不要性。「～を必要としない」「～はどうでもよい」「迷惑な」「煩わしい」

書き言葉です。主語は人で、目的語の名詞句は聞き手がすでに知っているもの。n'avoir + que faire という構造で「目的や手段(que faire)を持たない(n'avoir)」→「どうでもよい」です。queは疑問接続詞で、限定のne ... queではありません。

類義 mépriser

Je *n'ai que faire de* ton aide. Laisse-moi faire tout seul.
君の助けはいらない(不要だ)。ひとりでやらせてくれ。

Paul me donne toujours des conseils dont je *n'ai que faire*.
ポールはいつも無用な(どうでもよい)忠告を私にする。

Je *n'ai que faire de* ses compliments. 彼のお世辞は不要だ。

Vous m'avez eu.

avoirは「持つ」という意味が基本ですが、「だます」という意味もあります。

Vous m'*avez* (bien) eu.
あなたは(まんまと)私をだましましたね。

この場合、「持つ」から「だます」へと比喩的に意味が拡大しています。日本語の「かつぐ」にも同様の用法がありますね。

一般的にavoirは「持つ」の意味では受身文は作れません。しかし、この比喩的な意味では可能になります。

Elle *a été* bien *eue*. 彼女はまんまとだまされた。

posséder「所有する」にも同じことが言えます。

Elle *a été* bien *possédée*. 彼女はまんまとだまされた。

練習問題 2

A 日本語の意味に合うように、選択肢から適切な語句を選び、活用させましょう。

avoir　　être　　n'avoir pas　　n'avoir plus qu'　　n'avoir qu'

1. Ce tableau (　　　　) à achever en trois mois.　この状況は３ヵ月で終わらすべきだ。
2. Elle (　　　　) à s'enfuir.　彼女はもう逃げ出すしかない。
3. Tu (　　　　) à m'offrir un repas.　君は僕に食事をおごるだけでいいよ。
4. Vous (　　　　) à lui rendre ce livre.　彼(女)に本を返さないといけません。
5. Vous (　　　　) à m'apporter de cadeau.　私につけ届けをする必要はありません。

B 日本語の意味に合うように、選択肢から適切な語句を選びましょう。

ⓐ pas à　　ⓑ pas de　　ⓒ pas de quoi　　ⓓ plus à
ⓔ plus qu'à　　ⓕ qu'à　　ⓖ rien à

1. Il n'y a (　　) blâmer.　何も非難するべきことがない。
2. Il n'y a (　　) dessin dans ce livre.　この本には絵がない。
3. Il n'y a (　　) le copier.　それを写す必要はない。
4. Il n'y a (　　) nettoyer.　もう掃除はしなくてよい。
5. Il n'y a (　　) photocopier.　コピーしさえすればよい。
6. Il n'y a (　　) rire.　笑うほどのことはない。
7. Il n'y a (　　) se résigner.　もうあきらめて受け入れるしかない。

C 日本語に訳しましょう。

1. J'*ai à* gagner de l'argent pour continuer mes études.
2. Si vous avez une question, vous *n'avez qu'à* lever la main.
3. Je *n'ai plus qu'à* attendre le résultat.
4. *Il y a* amours *et* amours.
5. *Il n'y a pas à* tout expliquer entre nous deux.
6. *Il n'y a qu'à* en avaler.
7. *Il n'y a pas de quoi* se fâcher.

3 faire

「持つ(avoir)」言語であるフランス語は「する・作る(faire)」言語でもあります。その反対は日本語の「なる」言語です。日本語では自然発生的に「〜(に)なる」とよく言いますが、フランス語ではしばしばfaireを使って表現します。

「1たす1」は、日本語では自然に「2になる」のですが、フランス語では「2を作る」のです。代わりにégalerも使うこともあります。

1 et 1 *font* [égale(nt)] 2. 1たす1は2(になる)。

3 fois 5 *font* [égale(nt)] 15. 5かける3は15(になる)。

ここでは主に具体的な「作る」ではない表現を見ていきましょう。

faire + 名詞句(人・もの)

faire de 名詞句A + 名詞句B

「AをBにする」

A(人・もの)を素材・起点にしてB(人・もの)を作るという表現です。

Il *a fait de* son fils un joueur de foot. 彼は息子をサッカー選手にした。

***De* cet argent, je *vais faire* une compagnie.** このお金で会社を作るつもりだ。

La défaite à l'issue de la Deuxième Guerre mondiale *a fait de* ces gens des apathiques.

第2次世界大戦での敗戦で、その人たちは無気力人間になってしまった。

Qu'est-ce que tu *as fait de* mes lunettes ? Je ne les trouve nulle part.

僕のメガネどうしちゃったんだい? どこにもないよ。

＊Qu'est-ce queが名詞句Bにあたる

faire + A(人) + 名詞B(役職・地位)

任命。「AをBに任ずる」「AをBとみなす」

名詞Bは無冠詞の「役職・地位」などで、A(人)の属詞です。

Je vous *ferai* chef de vente. 私はあなたを販売課長に任命します。

Le roi l'*a fait* duc. 王は彼を公爵にした。

ça fait + 名詞句（もの）

「（全部で）～になる」ことを表します。çaが具体的なものを指していると考えられる場合もありますが、特定できない非人称主語とも言えます。

ça fait + 名詞句（数量・金額・時間など）

金額や数量の合計。「～になる」

***Ça fait* combien ?　– *Ça fait* 5 euros.**

「合計でいくらになりますか？」「5ユーロです」

Combien *ça fait* ?　–（*Ça fait*）35 dollars. Et avec ça ?

「全部でいくらになりますか？」「35ドルです。他にご入用のものは？」

参考 1個だけの値段を尋ねるときは、C'est combien ?　それいくらですか？

***Ça fait* trois kilomètres d'ici à ma maison.**　ここから家まで3キロです。

ça fait + 名詞句（時間・期間など）+ que + 直説法

時間の合計。「…して（から）～になる」「～が経過する」

時間の合計。que節の中は現在形も複合過去形も使えます。

***Ça fait* 30 ans *que* j'apprends le français !**

フランス語を勉強して30年です！

***Ça fait* deux jours *que* mon portable a disparu.**

携帯電話がなくなって2日が経つ。

類義 Il y a deux jours que mon portable a disparu.

ça ne fait rien

「何の問題もない」「大したことはない」「かまわない」

faireが「最終的な結果になること」を表すことから、この表現ができました。お詫び・謝罪に対する返事として用います。　類義 c'est sans importance.

Désolé, madame.　– *Ça ne fait rien*.

「すみません」「何でもありませんよ」

Excusez-moi, Monsieur. J'ai oublié votre parapluie dans le métro.
– Ah, *ça ne fait rien*. Il était usé.

「ごめんなさい、あなたの傘を地下鉄に忘れてしまいました」

「ああ、かまいませんよ。あれは古くなってましたから」

比較 Merci beaucoup. – *Ce n'est rien*.

「どうもありがとう」「どういたしまして」

faire + 属詞(名詞・形容詞)

外見の様子・雰囲気。「〜のように見える」

くだけた話し言葉で、faireのあとに形容詞や名詞を置くと、「その外見をつくる」ことになり、「〜に見える」という意味になります。英語の〈 make + 人+ happy 〉(〜を幸せにする)のような意味にはなりません。

Il *fait* jeune [vieux] pour son âge.

彼は年のわりには若く[老けて]見える。

形容詞は主語に一致しません。主語が人の場合は一致することもあります。

Sa tête ne *fait* pas très sérieux [ˣsérieuse].

彼(女)の表情はあまり真剣そうに見えない。

Elle *fait* vieux [vieille]. 彼女は老けて見える。

その他、chic(粋な)、riche(裕福な)、triste(悲しそう)など、人やものを評価する形容詞、さらに無冠詞名詞を属詞として置くことができます。

***faire* femme [homme / père de famille / dandy]**

女らしく[男らしく / 家長らしく / ダンディに]見える

faire bien

主語によってbienの意味が違います。同じ形式が文法上異なる構造を持つ同音異義熟語といえます。そこから異なる表現もいろいろと作られました。

主語(人) + faire bien

「適切に行動する」

bienは副詞です。

J'ai appelé le médecin. – Vous *avez bien fait*.

「医者を呼びました」「それはよいことをしましたね」

主語(人・もの) + faire bien

「きれいに見える」「映えて見える」「似合う」「美しい」

くだけた話し言葉。上記の〈 faire +属詞 〉に属詞としてbienを入れたもの(=よく見える)と考えられます。 類義 être adéquat [assorti]

Elle *fait bien* sur cette photo. 彼女はとてもよく写っている。

Ce piano *fait bien* dans ce salon. このピアノはこの客間に合っている。

faire bien de ...

faire bien de + 不定詞

「〜するのはいいことだ」「〜するべきだ」

p.22 のfaire bienから派生した表現で、bienは副詞です。主語は人で、2人称が一般的です。過去形は賞讃を表し、「〜したのはいいことだ」を意味します。

Tu *as bien fait de* m'appeler.
よく私を呼び止めて(電話をして)くれたね。

条件法は「〜するといい」という示唆・忠告を表します。devoirでも言い換えられます。

Vous *feriez bien de* prendre un peu l'air. (= Vous devriez...)
ちょっと外で空気を吸ってくるといいですよ。

Vous *feriez bien de* dormir un peu. 少し眠るべきですよ。

faire mieux de + 不定詞

「〜するほうがいい」

条件法で使われることが多く、条件法過去形は「〜したほうがよかった」という後悔の意味になります。

Au lieu de regarder la télé, tu *ferais mieux de* faire du sport.
テレビを見るかわりに、スポーツでもしたほうがいいよ。

J'*aurais mieux fait de* me confier à elle.
彼女に打ち明けてしまえばよかった。

faire mal de + 不定詞

「〜するのはよくない」

上述の〈 faire bien de + 不定詞 〉の対義表現です。

Tu *as mal fait de* tout manger. 全部食べちゃったのはまずかったよ。

話し言葉では否定形(結果的に二重否定表現)で用いることが多いです。

Vous (ne) *feriez* pas *mal de* lui dire la vérité.
彼(女)に本当のことを言ったほうがいい(←言うのは悪くない)。

ça fait bien de + 不定詞

「〜するのが流行だ」「格好いい 」「うけている」

話し言葉です。çaは非人称主語で、意味上の主語は不定詞。p.22 のfaire bien

「きれいに見える」からの派生とも考えられます。

***Ça fait bien de* célébrer son mariage dans la simplicité.**
シンプルに結婚式を挙げるのが最近うけている。

***Ça fait bien d'*avoir une résidence secondaire dans le Midi.**
南仏に別荘を持つのが今の流行だ。

***Ça fait bien de* passer ses vacances à l'étranger.**
外国でヴァカンスを過すのが今日の流行だ。

il fait + 形容詞

il fait beau など天候表現がよく知られていますが、ここではそれとは少し異なる表現を見ます。

il fait bon + (de) + 不定詞

「～するのは気持ちがいい」

類義 on est bien, c'est agréable de + 不定詞

比較 Il est bon de + 不定詞(～するのはいいことだ)との混同に注意

***Il fait bon* dormir jusqu'à midi.** お昼まで寝ているのは気持ちがいい。

***Il fait bon* se promener dans les bois.** 森の中を歩くのは気持ちがいい。

否定形や mauvais を用いて対義表現にすることができます。

Il ne *fait* pas *bon* le déranger en ce moment.
今彼をじゃますることは(気持ちの)いいことではない。

il fait mauvais + (de) + 不定詞

「～するのは嫌なことだ・不快だ・危ない」

類義 il est désagréable de + 不定詞

***Il fait mauvais* travailler jusqu'à minuit.**
夜中まで仕事をするのは嫌なことだ。

***Il faisait mauvais* les provoquer, dans ce temps-là.**
あんな時に彼らを挑発したのはよいことではなかった。

il fait beau + (de) + 不定詞 / voir que + 接続法

「～するのは気持ちがいい・楽しい・いいことだ・心強い・励みになる」

不定詞が voir 以外は書き言葉です。

類義 il est agréable de, il est réconfortant de

Il fait beau de **tenter n'importe quoi.**

なんでも試してみるのは楽しいことだ。

Il fait beau **voir un pareil dévouement.**

こういう献身ぶりを見ると胸を打たれる。

〈 il ferait beau voir que ＋接続法 〉のように条件法になることも多く、その場合、「～だとは結構なことだ・信じられない」と皮肉のニュアンスが強くなります。

類義 il serait incroyable［curieux / comique］

Il ferait beau voir qu'**il soit en congé !**

彼が休みだとはまた結構なことだ！

ne faire (pas) que (de) + 不定詞

使役の表現ではありません。限定や否定と組み合わせます。

ne faire que + 不定詞

1)「～ばかりしている」「～するばかりだ」

Il *ne fait que* téléphoner à ses amies du matin au soir.

彼は朝から晩までガールフレンドたちに電話ばかりしている。

Elle *n'a fait que* manger toute la journée hier.

彼女は昨日、一日中食べてばかりいた。

Cet homme *ne fait que* sourire. この人はただ笑っているばかりだ。

2)「～するにすぎない」「～するだけだ」

Je *ne fais que* le regarder, je ne le mangerai pas.

それを見るだけです。食べませんよ。

Je *n'ai fait que* lui adresser la parole, mais elle a commencé à pleurer. 話しかけただけなのに、彼女は泣き出してしまった。

Ça ne sert à rien, ça *ne fait que* te déranger.

それは何の役にも立ちません。君の邪魔になるだけだ。 ＊「もの」が主語

3)「～したばかりだ」

古い用法。現代語ではのちに述べる〈 ne faire que de + 不定詞 〉のほうが一般的です。

ne faire pas que + 不定詞

「〜してばかりいるわけではない」「〜しているだけではない」

p.25の〈 ne faire que + 不定詞 〉に否定が加わったものです。

Ici, on *ne fait pas que* pêcher. On cultive la vigne aussi.

ここでは漁に出るだけではない。ブドウも栽培する。

Je *ne faisais pas que* dormir. Je faisais la cuisine de temps en temps.

私は寝てばかりいたわけではない。ときどき料理もしていた。

ne faire que de + 不定詞

1)「〜したばかりだ」

近接過去。 類義 venir de + 不定詞

Je *ne fais que de* finir mon assiette. 今、料理をたいらげたところです。

Les recherches sur les effets de la drogue *ne font que* (*de*) commencer. 麻薬の影響に関する研究は始まったばかりである。

2)「〜してばかりいる」

古い用法。この意味では先述の〈ne faire que + 不定詞〉が普通です。

ちょっといい表現

on fait avec

「他にしようがない」「現状で我慢する」

ほめられたときにこう切り返すとカッコいいかもしれません。avecは副詞です。

C'est chic, ta maison. – On *fait avec* !

「粋な家だね」「これしかないのでしようがない」

C'est très joli comme prénom... – On *fait avec* !

「とってもいい名前だね」「親がつけたもんでね」 (映画《Arlette》より。窪川英水訳)

練習問題 3

A 日本語の意味やニュアンスに合うように、選択肢から適切な語句を選びましょう。

ⓐ fait bien　ⓑ fera mieux　ⓒ ne ferait pas mal

1. Ce bijou (　　) sur cette robe.　その宝石、あなたのドレスによく映えます。
2. Elle (　　) de marcher plus gracieusement.
   彼女はもっとしとやかに歩くといいのに。
3. Il (　　) de partir sans mot dire.　彼は何も言わずに出発するほうがいい。

B 日本語の意味に合うように、選択肢から適切な語句を選びましょう。

ⓐ beau　ⓑ bon　ⓒ mauvais
ⓓ Ça fait combien　ⓔ Ça ne fait rien　ⓕ Ce n'est rien

1. Il fait (　　) être trempé sous la pluie.　雨に濡れるのは不愉快なことだ。
2. Il fait (　　) se promener dans la forêt.　森の中を散歩するのは気持ちがいい。
3. Il ferait (　　) voir qu'elle soit encore en vacances.
   彼女がまだ休暇中だとは、なんとも結構なことだ。
4. Merci, monsieur. – (　　).　「ありがとうございます」「いいえ」
5. C'est tout ? − Oui. (　　) ?　「これで全部ですか？」「はい。いくらですか？」
6. Je m'excuse d'être en retard. − (　　).　「遅れてすみません」「かまいませんよ」

C 日本語に訳しましょう。

1. Elle *faisait* riche.
2. Le tableau qui est dans le salon *ferait mieux* dans l'entrée.
3. Sans sa mère, le bébé *ne fait que* pleurer.
4. Cet enfant *ne fait pas que* jouer au foot : il aime aussi *faire du* vélo.
5. Vous avez la capacité. – On *fait avec*.
6. Elle *ne fait que de* voir ce film.

4 prendre

faireが他に働きかけて作ったりさせたりする意味であるのに対し、prendreは「対象をつかんで自分の中にしっかり取り込む」ことを基本的な意味とします。広範な対象をとる動詞であり、他動詞構文を好むフランス語には欠かせない動詞です。

prendre + 名詞句(もの)

基本的な表現

「持っていく」「食べる・飲む」「選ぶ」「買う」「利用する」など

意味は対象によってさまざまになります。「傘」なら「手にとって携行する」、飲食物なら「摂取する」、選択肢から「選び取る」、乗り物などの手段を「採用・利用する」、風呂やシャワーを「使う」などなど…。主語は一般に人です。

***Prends* ton parapluie, il va pleuvoir.**
傘を持っていきなさい。降りそうだから。

Il *prend* son petit déjeuner [du café]. 彼は朝食をとる[コーヒーを飲む]。

Je *prends* celui-ci [le taxi]. これにします[タクシーを使います]。

Je *prends* mon bain le matin. 私は風呂に毎朝入る。

Ce matin, j'*ai pris* une douche. 今朝はシャワーを浴びた。

主語(もの) + prendre + 名詞句

「(ものが~を)必要とする・取る」「支配する」

Ça *prendra* plus d'une heure. それは1時間以上かかるだろう。

Ce meuble *prend* de la place. この家具は場所をとる。

prendre + 名詞句(こと)

「取り込む」対象はいいものとは限りません。「つかむ」「つかまえる」のイメージを「(病気などに)かかる」という意味に転用することもあります。

prendre froid

「風邪をひく」「悪寒を感じる」

このfroidは「風邪(の寒け)」の意。 類義 attraper froid [un rhume]

Brrr... J'ai très froid !　– Attention ! il ne faut pas *prendre froid* !
「うう、寒い！」「気をつけて！ 風邪をひかないようにしなくちゃ！」

prendre bien [mal] + 名詞句（言動）

「（言動を）冷静［悪意に］受け取る」

「人の言動」を取り込むとき、その受け入れ方をこのように表現します。この場合のbienやmalは副詞です。

Elle *a* plutôt *bien* [*mal*] *pris* ma critique.
彼女は私の批判を別に腹も立てずに受け入れた［悪く取って怒った］。

J'ai dit à Pierre qu'il a grossi. Il l'*a mal pris*.
ピエールに太ったねと言った。彼はそれを悪く取った。

prendre la décision（de＋不定詞）

「（～する）決心をする」（←決定を選択する）

Réfléchis bien avant de *prendre* cette *décision* !
そう決める前に、よく考えなさい！

Elle *a pris la décision de* partir. 彼女は出発することにした。

prendre congé

congéは「比較的長い休暇」を表します。ただしニュアンスがあります。

prendre congé

「休暇をとる」

類義 prendre du repos, se reposer

J'*ai pris congé* depuis la mi-juin jusqu'à mon mariage.
私は6月半ばから結婚式まで仕事を休みました。

Pierre *a pris un congé* d'une semaine [un an de *congé*].
ピエールは1週間［1年間の］休みをとった。

prendre congé de + 人

「～に挨拶して去る」「別れを告げる」「いとま乞いをする」「辞職する」

「休暇をとる」という意味ではありません。

類義 faire ses adieux, se retirer, s'en aller

Il *a pris congé du* chef avant de rentrer à son pays.
彼は帰国前に上司に別れを告げた。

Le président *a pris congé de* l'assistance.

社長は出席者に挨拶して立ち去った。

prendre congé du mondeは「隠遁する」「死ぬ」(←世の中からおいとまする)。比喩的・文学的表現です。 類義 se retirer, mourir

休暇のような抽象的なものを「とる」ときもやはりしっかり自分の中に取り込むのです。

prendre garde

prendre garde à + 名詞句 / 不定詞 / que + 直説法

「(～に)気をつける・用心する・気づく・留意する」

***Prends garde* à la peinture.** ペンキにご用心。

***Prenez garde* à arriver à l'heure.** 時間通りに着くようにしなさい。

***Prenez garde* que c'est la dernière occasion.**

言っときますが、これが最後のチャンスですよ。

prendre garde de ne pas +不定詞 / (à ce) que ne (pas) + 接続法

「(～しないように)気をつける」

***Prenez garde de ne pas* attraper froid.**

風邪をひかないよう気をつけてください。

***Prenez garde que* personne *ne* vous voie !**

誰にも見つからないように用心しなさい!

prendre + 名詞句+ 前置詞 + 名詞句の表現

前置詞を組み合わせた表現を見てみましょう。それでも「つかんで取り込む」という基本的な意味は変わりません。

prendre + 名詞句 + à + 人

分離・奪取。「～から…を奪う・取る」

類義 enlever, voler

On m'*a pris* tout mon argent. 僕はお金をすべてとられた。

〈prendre du sang à + 人〉なら「(人)から採血する」です。

prendre + 名詞句A + pour + 名詞句B

思い込み・勘違い。「AをBとみなす」「AをBと取り違える」

「頭の中[精神的・心理的]に)取り込む」。ただし、それが間違った思い込みである可能性があります。名詞句Bは人・もの(役割・性質)など。

類義 considérer, regarder comme..., se méprendre, se tromper, confondre

Nous l'*avons pris pour* un démocrate.
我々は彼を民主主義者だと思い込んだ。

Il *prend* ses désirs *pour* des réalités.
彼は願望を現実と取り違えている。

On le *prenait pour* un acteur. 皆は彼を俳優だと思っていた。

この構文を使った次のような決まり文句があります。

(女性が) **Vous me *prenez pour* une autre.**
あなたは私を別の人と取り違えています→私はあなたが考えているような人ではありません。→失礼なことをしないで(言わないで)ください。

***Pour* qui me *prenez*-vous ?** 私を誰だと思っているのか(なめるなよ)。

être pris pour + 名詞句

「〜とみなされる」「〜で通る」

上述のprendre pourの受動形の表現です。 類義 passer pour

Jean *est pris pour* un menteur. ジャンは嘘つきで通っていた。

se prendre pour + 名詞句

「自分を〜とみなす」「〜のつもりになる」

prendre pourの代名動詞形は再帰的な意味になります。

Il *se prend pour* qui ? いい気になるなよ(←彼は自分を誰だと思ってるんだ)。

その他の表現

主語(感情・感覚) + me [te, ...] prend (de + 不定詞)

「(感情などが)人の心をつかむ・奪う」

La colère *le prit* soudain. 彼は突然怒りが込み上げた。

L'envie *me prend de* faire cela. 私はふとそうしたい気持ちになる。

ça me [te, ...] prend (de + 不定詞)

くだけた表現です。「それが私[君…]の気持ちをとらえる」→「私[君…]がいきなりそんな(～する)気になる」。me, te は直接目的語ですが、3人称では間接目的語 lui, leur になることもあります。意外な行為に対して驚いたときに言います。

Ça te prend souvent de partir sans prévenir ?
君はそんなふうによく前触れもなしに出かけるのかい？

Qu'est-ce qui _lui prend_ ?
彼(女)はいったいどうしたんだ？（なんて気まぐれなのか）

s'y prendre＋副詞(句)

「(あるやり方で)取り組んでいく」(←自分をそれに取り組ませる)

Il faut ***s'y prendre*** autrement.　別のやり方をしないと(それじゃだめだ)。

Vous prenez la carte ?

小さなレストランで食事をしていると、若者が入ってきてこのようにギャルソンに尋ねました。昔のことだったので答えはノン。彼はあきらめて出て行きました。prendre と聞き、「とる」という日本語がまず浮かんでしまった私は、「カードを取るって？」と一瞬思いましたが、状況がわかってみると、この動詞の応用性の広さに驚いたものでした。しかし基本的な意味を理解すれば納得できます。

« Vour prenez la carte ? » に対して当時はしばしば « Quelle carte ? »「どちらのカードですか？」と聞き返されたものです。まだどのクレジット・カードでも OK というわけにはいかなかったのです。

しかし最近は小さなお店でも « Oui, bien sûr ! »「ええ、もちろん！」と二つ返事が返ってくることがふつうになってきました。とはいえ、まだまださまざまな支払いの場面でこの表現は有効です。ちなみにクレジット・カード carte de crédit は最近ほとんど銀行カード(キャッシュ・カード)と一体化したため carte bancaire と言うようになりました。

練習問題 4

A 日本語の意味に合うように、選択肢から適切な語句を選びましょう。

ⓐ bien　ⓑ du mal　ⓒ froid　ⓓ mal

1. À cause du froid, elle a pris (　　).
   寒さのせいで、彼女は寝込んでしまった。
2. Il va bien ?　– Non. Il a fini par prendre (　　).
   「彼は元気？」「いや。とうとう風邪をひきました」
3. Vous prenez (　　) ma parole.　あなたは私の言葉を悪くとっています。
4. Il a (　　) pris la plaisanterie.　彼はジョークをちゃんと理解した。

B 日本語に訳しましょう。

1. Il *prend l'air* toutes les deux heures.
2. Si vous gagniez au loto*, que feriez-vous ?　＊ loto : くじ
   – Moi, je *prendrais* deux ou trois ans *de congé* et ferais le tour du monde.
3. Il a *pris la décision* de ne plus fumer.
4. *Prenez garde* au vase !
5. Elle *le prend pour* un artiste.
6. *Pour* qui te *prends*-tu ?
7. Qu'est-ce qui *te prend* ?
8. La joie l'*a prise* soudain.
9. Je viens *prendre congé* de vous.
10. On *nous prend* l'un pour l'autre.

La joie l'a prise soudain.

5 mettre

mettreは「ある場所に位置させる」ことを表す動詞です。その用途は広く、日本語では「置く」だけではカバーできません。状況に応じて「入れる」「加える」「(身に)つける」「つぎ込む」などさまざまの訳があてられ、さらに比喩的に「〜をある状態にする」といった変化の意味で用いられます。

mettre + 名詞句

mettre + 名詞句(人・もの)(+場所)

「(〜に)置く」「入れる」「乗せる」など

主語は人が一般的です。

Où est-ce que je *mets* ce tableau ? どこにこの絵を置きますか？

Ne *mettez* pas les pieds sur les fauteuils. 椅子の上に足を乗せないで。

J'*ai mis* trop de sel dans la soupe. スープに塩を入れ過ぎた。

mettre du beurre dans les épinards（ほうれん草にバターを加える）は話し言葉で比喩的に「給与が上がって暮らしがよくなる」の意味。

mettre + 名詞句(衣服・靴・装身具・化粧品など)

「着る」「身につける」「はく」「はめる」「かける」など

Qu'est-ce que tu *mettras* ce soir ? 今晩何着ていくの？

Elle *a mis* de la crème solaire. 彼女は日焼け止めクリームをつけた。

Il faudrait *mettre* une cravate. ネクタイをしないといけないようだ。

mettre des gants（手袋をはめる）は話し言葉で、比喩的に「手加減する」「慎重に行動する」という意味にもなります。

mettre + 人・もの + en [à] + 名詞句(状態)

「〜を…の状態に置く・する」

enのあとは無冠詞名詞、àのあとは〈 定冠詞 / 所有形容詞 + 名詞 〉が一般的です。このパターンでさまざまな表現をつくります。

mettre +人 + en colère **「人を怒らせる」**

Son attitude m'*a mis en* colère. 彼の態度に私は頭にきた。

Cette nouvelle *a mis* Jeanne *en* colère.
この知らせを聞いてジャンヌは怒り出した。

mettre ＋人 ＋ au courant (de ＋こと) **「…に(～について)知らせる」**

類義 informer + 人 + de + こと

Nous l'*avons mis au courant de* cet incident.
その事件のことを彼に知らせた。

mettre ＋もの ＋ à [au] jour **「～を世に出す」「暴露する」「発見する」**

Il *a mis au jour* les chefs-d'œuvre de cet écrivain.
彼はその作家の傑作を世に出した。

mettre + 名詞句 + à + 不定詞

mettre + 人・もの + à + 不定詞

「…を～するような状態に置く」

Je *mets* du café *à* chauffer. コーヒーを沸かします。

Il faut *mettre* le linge *à* sécher. 洗濯物を干さないといけない。

mettre + 時間 + à [pour] + 不定詞

「…するのに～かかる」

J'*ai mis* une heure *à* faire mes devoirs.
宿題をするのに1時間かかった。

Le shinkansen *met* deux heures *pour* aller de Tokyo à Niigata.
新幹線で東京から新潟まで２時間かかる。

se mettre ...

代名動詞にすると「自分を～する」の意味でさまざまな表現ができます。

se mettre + 場所

「～に身を置く」

主語は人が一般的です。

Je *me suis mis* sur un canapé. 私はソファに腰かけた。

Elle *s'est mise* à la fenêtre. 彼女は窓辺に身を寄せた。

***Mettez-vous à* table !** テーブルにつきなさい(→ご飯ですよ)！

＊この場合、「テーブル」という場所ではなく、次のように食事の状態と考えることも可能です。少なくとも食事が並んでいないときに言うことはできません。

se mettre + en［à］+ 名詞句（状態）

「自分を…の状態に置く・する」

Ils *se sont mis en* route. 彼らは旅立った。

＊「道路に出る」ということから「旅に出発する」ということになります。

se mettre en colère **「怒る」**

Je *me suis mis en colère.* 私は怒った。

se mettre à l'aise **「気楽になる」**（←快適さに身を置く）

***Mettez-vous à l'aise*［à votre aise］.** 楽にしてください。

se mette à l'abri **「避難する」**（←避難所に身を置く）

Nous allons *nous mettre à l'abri.* 避難しましょう。

se mette en uniforme **「ユニフォームに着替える」**

se mettre + en［à］+ 名詞句（仕事など）

「〜に手をつける・取りかかる」

se mettre au travail［à l'ouvrage］ **「仕事にとりかかる」**

Alors, on va *se mettre au travail* ? では、仕事にとりかかりましょうか？

Le secrétaire *s'est mis à* son *travail* lundi. その社員は月曜に仕事についた。

比較〈se mettre + à + 不定詞〉は「（突然）〜し始める」（p.131）

不思議な数の表現

se mettre sur son trente et un「31の上に身を置く（包む）」と言うと「よそ行き・一張羅を着る」ことを表します。カード遊びの「31」からという説もあります。ただし、sur son 32［36］というヴァリエーションもあるので語源は未詳です。**être sur son 31**なら「一張羅を着ている」。

また**mettre en quarantaine**「（人を）40ほどに置く」とは「（人を）隔離する」「仲間外れにする」「村八分にする」ということを表します。昔のヨーロッパでは，伝染病、疫病の流行した土地から来た船や旅人は検疫のために40日前後上陸や入城を拒否され，一定場所に隔離されました。そこから英語でもquarantine（検疫）という語ができました。

練習問題 5

A 日本語の意味に合うように、選択肢から適切な語句を選びましょう。

ⓐ à jour	ⓑ à l'aise	ⓒ à la poste
ⓓ en colère	ⓔ en question	ⓕ en service

1. Cette ligne a été mise (　　) l'année dernière.　この路線は昨年開通した。
2. Il se met toujours (　　).　彼はいつもくつろいでいる。
3. Ils ont mis ce point (　　).　彼らはこの点を問題にした。
4. Ne vous mettez pas (　　).　怒らないでください。
5. On a mis (　　) le scandale concernant ce politicien*.

　その政治家の醜聞が暴露された。

　* politicien：「政治屋」といった悪いイメージの言い方。ふつうはhomme politiqueと言う。

6. Tu mettras cette lettre (　　).　この手紙を郵便に出してください。

B 日本語に訳しましょう。

1. *Mets* ton chapeau.
2. Je n'ai pas pu *mettre* ma voiture en marche.
3. Elle *a mis* quinze jours *à* tricoter un chandail*.

　* chandail：セーター。パリのmarchand d'ail（ニンニク売り）が着ていたことから。

4. Je *me suis mis au* français il y a dix ans.
5. Il faut tout de suite *se mettre au* travail.
6. Elle *a mis* M. Ballard à gauche de M. Leblanc.
7. On *mettra en service* cette nouvelle route en avril.
8. Je ne sais plus où je *me mets*.

6 aller

aller「行く」はフランス語でもっとも頻繁に用いられる動詞のひとつです。その理由は、ご存知のように挨拶の表現に用いられるからです。

Vous *allez* bien ?　– Oui, je *vais* très bien, merci.

「お元気ですか？」「ええ、とても元気です。ありがとう」

ça va (bien / mal)

「元気・快調・順調である［ない］」

çaは漠然と体調や状況などを示します。

Ça *va* ? – Oui, ça *va*. 「元気？」「うん、元気だよ」

上記はくだけた表現です。これは必ずしも体調だけではなく、状態や事態が「順調である」という意味にも用います。様態の副詞bienでよい意味を明確にすることもよくあります。逆にmalによって否定を表すこともあります。抽象的な意味に転用された表現として、次のような言い方があります。

Ça *va* comme ça ? こんなところでいいでしょうか？

Ça *va* comme ça. こんなところで十分だ。／もうたくさんだ。

このように、allerは「行く」という本来の意味ではなく、比喩的に用いた表現が豊富にあります。以下では、それを中心に見ていきましょう。

aller à ［avec］ / aller contre ...

à, avec は「〜に対してうまく行く」さらに「合う」「似合う」「ふさわしい」「気に入っている」など。また主語と対象の関係により微妙な意味が生じます。

aller à + 名詞句（もの）

「〜にうまく合う」「はまる」

Cet anneau ne *va* pas *à* mon doigt. この指輪は私の指に合いません。

Ce costume *va à* la lessive. このスーツは洗濯できる（←洗濯に適している）。

aller à [avec] + 名詞句（もの）

「〜に（と）調和する」

La couleur de cette chemisette *va* bien *avec* ta jupe.

そのブラウスの色、君のスカートによく合ってる。

Cette lampe *ira* très bien *avec* tes rideaux.
このランプは君の(部屋の)カーテンにとてもよく合う。

aller à + 人

1)「〜に似合う・ふさわしい」「いかにも〜らしい」

類義 s'accorder avec

Ça *te va* (bien). それ君に(よく)似合ってるよ。

Cette façon de parler *lui va* bien.
その話し方は彼にふさわしい(いかにも彼らしい)。 ＊ときに皮肉や反語

2)「気に入っている」「都合がいい」

類義 plaire, convenir à

Est-ce que *ça* te *va* ? (それ)気に入った？ (= Ça te plaît ?)

Demain à 10 heures, *ça* me *va*.
明日の10時なら私は好都合だ。(= Ça me convient.)

aller à + 人・もの + comme un gant

「〜にとてもよく合っている」(←手袋のようにぴったりと合っている)

Ces chaussures *lui vont comme un gant*. その靴は彼にぴったり合っている。

前置詞をcontreにすると、反対の意味になります。

aller contre + 名詞句

「〜に背く・逆らう」「〜に逆らって進む」

Cela *va contre* mes convictions. それは私の信念に反する。

Cette idée *va contre* ma façon de vivre.
その考えは私の生き方に反しています。

allerの比喩的表現

aller jusqu'à + 名詞句

「〜までになる」「〜に至る」「範囲が及ぶ」

Sa folie *ira jusqu'à* la fureur. 彼(女)の狂気は激昂にまで至ることだろう。

J'*irai jusqu'au* ministre, s'il le faut. 必要とあれば、大臣に直訴するつもりだ。

aller jusqu'au boutは「最後までやり抜く」ということになります。

aller jusqu'à + 不定詞

「〜するまで(の程度)になる・至る」

主語は人、まれに「もの」。不定詞に発言動詞を用いて「〜と言うまでに至る」ということも多いようです。〈 aller à + 不定詞 〉は古い言い方です。

Elle *est allée jusqu'à* dire que c'était ma faute.
彼女はそれが私のせいだと言うまでになった。

Il était si capricieux ?　– Oui, je *suis allée jusqu'à* vouloir le battre.
「彼はそんなにわがままだった？」「ええ,殴ってやりたいと思ったほどよ」

sans aller jusqu'à dire que... は「〜とまでは言わなくとも」です。

aller sur + 名詞句(年齢)

「〜に近づく」

Il *va sur* ses soixante ans.　彼はそろそろ60歳だ。

便利な表現

y aller

本来の移動の「行く」という意味では、目的地の表現なしには使いにくいようです。そこでしばしばy(＝そこに)を入れます。allerは常に目的地を意識する動詞なのです。

1) Allons-y ! / On y va !　「さあ行きましょう！」

この意味で ×Allons ! / ×On va ! とは言いません。

2) Allez-y ! / Vas-y !　「どうぞご遠慮なく！」

相手に行動を勧める表現です。「行く」という意味ではなく、「先に行く」→「お先にどうぞ」というように、やや抽象的な意味合いで使われます。

Allez ! / Allons !

「さあ！」「まあまあ」など、励ましたりなだめたりします。

***Allez*, viens !**　さあ、おいで！

かけ声なので、tuで話す相手にも、Allezといいます。

***Allez* [Allons] donc !**　おややおや、そんなばかな！　＊不信感などを表します。

これらは、英語では「行け」ではなく“ Come on ! ”「来い」となります。「がんばれ！」と応援するときも、英語では“ Come on! ”と言いますが、フランス語では « Allez ! » と言います。

aller de soi

「言うまでもない」「自明のことだ」

Ça *va de soi*. もちろんです（言うまでもない）。

Il *va de soi* que l'eau est indispensable pour les hommes.
言うまでもなく、水は人間にとって不可欠だ。

ほぼ同じ意味で次の表現もあります。

aller sans dire

Cela *va sans dire*. それは言うまでもない（自明のことです）。

Il *va sans dire* que l'eau est indispensable pour les hommes.
人間にとって水が不可欠なのは、言うまでもない。

ただし、〈 × Cela va sans dire que ＋ 節〉とは言えません。

Ça va aller.

パリの地下鉄の階段で、後ろから肩をつかまれました。女性がブーツのかかとを階段に引っ掛けて倒れそうになっていたのです。足首をひねって痛そうでした。

Ça va ?　– Oui, ça va aller.
「だいじょうぶですか？」「ええ、よくなるでしょう」

この « Ça va aller. » という言い方がかなり頻繁に使われるようになりました。映画では次のようなやり取りもありました。

Ça va aller ?　– Oui, ça va.
「よくなりそう？」「ええ、だいじょうぶ」

次の例も別の映画で聞いた例です。

Ça va aller maintenant. （泣いている女の子に）「いまよくなるからね」

体調ではなく相手をなぐさめるために言っています。

近接未来形は現在の状況と密接な関係にある事柄を表します。単純未来形 « Ça ira. »「（いずれ）よくなる」の、現在と切り離されたニュアンスと比べて、話し手の気持ちの入れ方が違うような気がします。

練習問題 6

A 日本語の意味に合うように、選択肢から適切な語句を選びましょう。

ⓐ au	ⓑ avec	ⓒ bien	ⓓ contre
ⓔ de soi	ⓕ jusqu'à	ⓖ mal	ⓗ sur

1. Ça te va (　　). それ君に似合わないね。
2. Cette vitre va (　　) feu. この窓ガラスは耐熱性だ。
3. Il va (　　) que la science nous sert beaucoup.
   言うまでもなく、科学は我々の役に立っている。
4. Je ne peux pas aller (　　) vous satisfaire.
   あなたにご満足していただくまでにいたることはできません。
5. La couleur bleue va bien (　　) la couleur orange.
   青色はオレンジ色とよく合う。
6. La vie de cette machine va (　　) sa fin.
   この機械の寿命はそろそろ終りに近づいている。
7. Le 15 mars te va (　　)? 3月15日は君、都合いい？
8. Votre opinion va (　　) notre système.
   あなたの意見は我々の体制に反しています。

B 日本語に訳しましょう。

1. Tu *vas mal* ? – Non, *ça va*.
2. *Ça va mieux* ? – *Ça va aller mieux*.
3. *Ça* ne *te va* pas *bien*, de parler ainsi !
4. Je ne *vais* pas *jusqu'à* dire que vous ayez raison.
5. Il *va sans dire qu'*Internet nous offre beaucoup de renseignements.
6. *Sans aller jusqu'à* parler de la révolution, ce succès de l'expérience peut être un pas pour un progrès des espèces humaines.

7 venir

allerが目的地を問題にすることが多いのに対し、本来話し手のところに来るvenirは出発点に関心が深く、しばしば〈de＋名詞（または代名詞en）〉とともに用いられます。

venir de ...

venir de＋場所

出発点・出身・起源。「～から来る」

Vous *venez de* France ?　– Non, je *viens du* Japon.
「フランスからですか？」「いいえ、日本から来ました」

国名が女性名詞（または母音始まり）のときは〈de＋国名〉、男性名詞のときは〈du＋国名〉、複数のときは〈des＋国名〉でしたね。念のため。

***D'où venez*-vous ?**　どちらからいらっしゃったのですか？

出発点や出身［国籍］を尋ねています。明確に出身を尋ねるときはD'où êtes-vous（en France）?「（フランスは）どちらのご出身ですか？」という言い方もあります。

venir de＋こと（原因・理由）

aller同様に、具体的な移動の意味から、抽象的な意味に転用され、出発点〈de＋名詞〉が原因・理由の表現になることがあります。

Ce bruit *vient d'*une erreur de conception.
この雑音は設計ミスによるものだ。

D'où vient＋名詞句

原因・理由。「どうして～になるのか」（←どこから～が来るのか）

原因や理由を問う疑問文です。後ろの名詞句は主語ですが、意味的には「結果」です。　類義 pourquoi＋名詞句

***D'où vient* cette conclusion absurde ?**
– Cela *vient de* la baisse du niveau des députés.
「なぜそんなばかげた結論になるのか？」「それは議員のレベル低下のせいだ」

D'où vient que + 節(接続法／直説法)

「どうして〜なのか」

節のことがらの原因・理由を問う疑問文です。接続法にすると、そのことに対する驚きや感情的な反発が感じられます。

D'où vient que les affaires aillent [vont] tellement mal ?

どうして景気がこんなに悪いのか？

_D'où vient qu'_il est toujours en retard ?

どうして彼はいつも遅刻するのか？

D'où [De là] vient que + 節(直説法) / 名詞句

結果。「だから〜になる」

d'où, de là は「そこから」と前の文を受け、接続表現として que 節や名詞句につなぎます。 類義 c'est pourquoi

Dans son enfance, il est tombé dans l'eau : _de là vient qu'_il n'aime pas nager.

子供の頃、彼は川に落ちた。だから、彼は泳ぎが好きではない。

_D'où_ (_vient_) le résultat. そこからその結果が生じるのだ。

venir de + 不定詞

近接過去。「〜したばかりだ」「〜したところだ」

空間的ではなく時間的に遡る表現です。

Son train _vient de_ partir. 彼の電車は今出たところだ。

過去の行為というよりも「〜し終えたばかり」の「状態」を表します。したがって、その過去「〜したばかりだった」は半過去形で表します。

Elle _venait de_ prendre sa douche. 彼女はシャワーを浴びたばかりだった。

venir à ...

venir à + 人

「生じる」「現れる」「浮ぶ」

Cette idée _t'est venue_ brusquement ?

その考えが突然浮かんだの？

La curiosité _nous est venue_ de voir le fond.

奥を見てみたいという好奇心が我々にわいてきた。

場所の表現が後ろにつくこともあります。

Un sourire *lui vient* aux lèvres. 彼の口元に微笑が浮かぶ。

非人称表現もできます。

***Il me vient* une idée.** 私にある考えが浮かんでくる。

y venir

〈à + 名詞〉がyになりました。

1)（おどし文句で）**「かかってくる」**

くだけた話し言葉です。

Viens-y ! かかってこい！（やるならやってみろ！）

2)「結局それを承認・受諾する」「最後には賛成する」

話し言葉です。

Qu'il *y vienne* ! 彼は受け入れてくれないかな！

Il faudra qu'elle *y vienne* comme les autres.

他の人々と同様に彼女も最後には承諾しなければならないだろう。

venir à + 不定詞

突発性・不測の事態。「（思いがけず）**たまたま〜する」。**

あらたまった表現です。

Elle *est venue à* trouver la solution.

彼女はたまたまその解答を見つけた。

S'il *venait à* mourir, ses enfants seraient bien malheureux.

彼が万一死ぬことがあれば、子供たちはきっと不幸になることだろう。

en venir à ...

前置詞がàになると、単純な到達ではなく目の前に出現するというニュアンスが強くなります。さらに代名詞enがつくと「ついに」の感じが出ます。

en venir à + 名詞句

1)「とうとう・ついに〜（する）**に至る」**

Ils *en sont venus aux* mains. 彼らはとうとう殴り合いになった。

＊en venir aux mains :（あげくの果てに）つかみ合いのけんかになる

Et puis *elle en vint au* baiser. そして最後には彼女はキスをした。

2)「結局～のことを論じる」

J'*en viens au* problème principal. いよいよ本題に入ります。

Où veut-il *en venir* ? 彼は結局何が言いたい(したい)のか。

en venir à + 不定詞

1)「とうとう・ついに～するに至る」

Elle *en est venue à* trouver la solution. 彼女はついにその解答を見つけた。

Il *en vint à* les menacer. 彼はとうとう彼らを脅かすようになった。

2)「～に興味を持つようになる」「～を始める」

Comment *est*-il *venu à* faire du sport ?

どうして彼はスポーツを始めるようになったのだろう？

ちょっといい表現

ça vient 「もうすぐです」

ça vient ? 「まだですか?」

話し言葉です。venirは移動「来る」から「でき上がる」「形になる」の意味になります。

***Ça vient*, ton nouvel article ?** 君の新しい記事はまだかい？

– *Ça viendra*. / Ça va venir. そのうちね。

voici venir + 名詞句

「(ほら目の前に) ～が来ている / 来た」

***Voici venir le* printemps.** 春はもうそこだ。

練習問題 7

A 日本語の意味に合うように、à か de のどちらかを入れましょう。

1. Le roi vint (　　) passer. 王様がたまたま通りかかった。
2. Mon livre vient (　　) paraître. 私の本は出たばかりだ。
3. Quand les vivres viennent (　　) manquer...
   万一食糧が不足する事態になったときは…。
4. Venons-en (　　) la question. その件に入りましょう。

B 日本語の意味に合うように、選択肢から適切な語を選びましょう。

ⓐ en　ⓑ où　ⓒ là　ⓓ y

1. D' (　　) vient cette erreur ? どうしてこんな間違いが起こったのですか？
2. Il pleut depuis trois jours, de (　　) vient que Jeanne est de mauvaise humeur.
   3日前から雨が降り、そのためジャンヌは機嫌が悪い。
3. J' (　　) suis venu maintenant à regarder le monde comme un spectacle.
   私は今では世界を見世物としてみるようになった。(フロベール)
4. Vous (　　) venez. とうとうあなたも折れましたね。

C 日本語に訳しましょう。

1. *Ça vient*, le rapport ?
2. *D'où vient que* ce monsieur est en colère comme ça ?
3. En écrivant, les mots *me venaient* en foule*.
4. Ils *en sont venus aux* extrémités*.
5. Une pitié *lui est venue au* cœur.
6. *Voici venir* la tempête.

＊ en foule : 大量に
＊ extrémités : 極端な手段・暴力

8 resster

次の例を見ると、resterはêtreと意味の差がなさそうです。

***Reste* tranquille. / *Sois* tranquille.** 静かにしていなさいよ。

しかし複合形にするとêtreは助動詞にavoirをとるのに対し(avoir été)、resterはêtreをとります(être resté)。移動や変化の動詞でないresterが助動詞êtreをとるのは、resterが単に「ある状態である」のではなく「積極的にとどまる」「あり続ける」というニュアンスをもつからだと考えられます。

なおdemeurerもほぼ同義で使われますが、resterよりあらたまった語です。

rester ＋ 属詞

être同様、連結動詞として主語の状態を述べる表現が豊富です。

rester couvert　**「帽子をかぶったままでいる」**

Vous pouvez *rester* couvert dans cette salle.

この部屋では帽子をかぶったままでいいですよ。

(en) rester baba [bleu]　**「(驚きで)開いた口がふさがらない」**

Après avoir écouté cette nouvelle, il *en est resté baba*.

そのニュースを聞いて、彼は開いた口がふさがらなかった。

＊話し言葉ではbabaがよく使われます。

rester + 場所表現(比喩的)

「とどまる」より積極的な意味をもつ表現には比喩的なものがあります。

en rester à + **名詞句**(人・もの)

「～(の段階)にとどまる」「～以上は進まない」

名詞句には、「事態の進展」「ある段階」が入ります。

***Restons-en* à des remarques générales pour aujourd'hui.**

今日のところは一般的注意にとどめておこう。

Il *en reste* à sa confusion. 彼はいまだにとまどっている。

en rester là

「そこまでにしておく」「中断する」

À cause de cet incident, on a dû *en rester là*.

そのトラブルのせいで、中断しなければならなかった。

Restons-en là. （議論・作業などを）ここまででとどめておこう。

比較 resterをêtreに替え、en être làとすると「そこまで進んでいる」という意味で、「単なる進行状況の説明」というニュアンスになります。

J'*en étais là* de mes réflexions. 私の考えはそこまで進んでいた。

rester sur + 名詞句（もの・こと）

「～にとどまる」「執着・固執する」「（印象などを）強く感じ続ける」

Il *reste sur* son travail. 彼は自分の仕事にかかずらっている。

Elle *reste sur* une impression de malaise après avoir vu ce film.

彼女はその映画を見たあと何とも居心地悪く感じている。

y rester

「（危険な行為・出来事によって）命を落とす・死ぬ」

話し言葉です。「死をまぬがれずそこにとどまる」からきています。

Il *y est resté* à cause de cette aventure. 彼はその冒険のせいで死んだ。

比較 y être は「わかる」「あてる」「到達する」。resterと意味が全く違います。

Ah ! J'*y suis* ! ああ、わかった！ Ça *y est* ! できた、しめた！

rester + 不定詞

rester (à [pour]) + 不定詞

「～するために残る」「残って～する」

移動動詞の特徴として、後ろにpourなしで目的の不定詞をとります。

Je *suis resté* terminer ce travail. 私は残ってその仕事を終えた。

pourやàをつけても言えます。目的であることが明確になります。

Je *suis resté pour* [*à*] terminer ce travail. 私はその仕事を終えるため残った。

rester + 時間 + à [pour] + 不定詞

「(時間をかけて)〜する」

Elle *est restée* des heures *à* jouer au jeu vidéo.

彼女は何時間もテレビ・ゲームをして過ごした。

Il *est resté* quatre ans en France *à* préparer sa thèse.

彼はフランスで4年かけて学位論文の準備をした。

il reste ...

ものを主語に「〜が残っている」という意味になる一方、非人称でもよく使われ、残っているもの(意味上の主体)を動詞のあとに提示します。

il reste (à 人) + 名詞句

「(人に)〜が残っている」

類義 il y a encore, il existe encore

***Il reste* encore 3 euros.** まだ3ユーロ残っている。

***Il lui reste* encore de l'espoir.** 彼にはまだ希望がある。

***Il ne reste* que 200 euros sur mon compte en banque.**

私の銀行口座には200ユーロしか残っていない。

il reste (à 人) + 名詞句 + à + 不定詞

「(人に)まだ…すべき〜が残っている」「…しなければならない〜がある」

名詞句は「もの」。 類義 on a encore + 名詞句 + à + 不定詞

***Il reste* beaucoup *à* vous dire.**

あなたに言いたいことがたくさん残っている。

***Il reste encore* des problèmes à résoudre.**

まだ解決すべき問題が残っている。

(il) reste (à 人) + à + 不定詞

「(…は) 〜することが残っている」「まだ〜しなければいけない」

il は省略可能です。 類義 il faut encore, on a encore à + 不定詞

***Il me reste à* nettoyer la chambre.**

私はまだ部屋を掃除しないといけない。

***Il* ne *reste* plus qu'*à* fermer les fenêtres.**

あとは窓を閉めるだけだ。

(il) reste à savoir si ...

「〜かどうかまだ分からない」(←知ることが残っている)

ilは省略可能です。

(*Il*) *reste à savoir si* on a assez de temps pour cela.

そのための十分な時間があるかどうかわからない。

***Il reste à savoir si* elle veut y aller.**

彼女がそこに行きたいかどうかまだわからない。

(il) reste à savoir + 疑問詞

「〜がまだわからない」

疑問詞を用いた間接疑問文です。

***Il reste à savoir* pourquoi elle a fait cette bêtise.**

彼女がなぜそんなばかなことをしたのかまだわかっていない。

***Reste à savoir* ce qu'ils feront avec cet argent.**

彼らがそのお金で何をするのかまだわからない。

il reste que ...

il reste que + 接続法

「まだ〜することが残っている」「まだ〜しなければならない」

***Il reste que* nous nous expliquions.** まだ理解しなければならないことがある。

次のような直説法をとる表現と意味が異なるので注意が必要です。

(il) reste que + 直説法

留保。「それでもやはり〜ことに変りはない」(←〜ことが残っている)

前文や前節を受け，その発言に制限を加える留保表現。ilの省略は書き言葉です。il reste vrai [évident] queという言い方もあります。

Je n'y ai pas réussi, (mais) *il reste que* je vous remercie de vos aides.

うまくいきませんでしたが，それでもあなたの応援には感謝しています。

il n'en reste pas moins que + 直説法

留保。「それでもやはり〜ことに変りはない」(←〜ことが残っていないのではない)

二重否定表現ですが、上記の〈 il reste que+ 直説法 〉とほぼ同じ意味・機能になります。

J'ai reçu beaucoup de protestations, *il n'en reste pas moins qu'*il a été adopté. 反対はたくさんあったが，それでも採択されたことに変わりはない。

これまでに挙げたresterとêtreの表現比較をまとめておきましょう。

en rester là　：**そこまでにしておく。中断する。**
en être là　：**そこまで進んでいる。**
y rester　：（危険な行為・出来事によって）**命を落とす。死ぬ。**　＊話し言葉
y être　：**わかる。あてる。到達する。**

Restez avec moi !

パリのある病院に近いカフェ・テラスでお茶を飲んでいたとき、目の前を歩いていた入院患者らしい人が突然倒れました。意識を失ったようです。すると付き添いの人が抱き起こしながら« Restez avec moi ! »と言いました。これは「しっかりして！」ということで、「私と一緒にいて！」という意味ではありません。

また、ある映画の中で、興奮して暴れる馬に向かって« Restez avec moi ! »と言っていました。これは「落ち着け！」ということでしょう。

これらのresterにはいずれも「意思をもってこちらの世界にとどまる」という意味合いが感じられます。これをêtreに替えて« Soyez avec moi ! »と言ってもそのニュアンスは出ず、「私と一緒にいて、手伝って」くらいの意味になってしまいます。

次の例はニュース・キャスターが深夜ニュースの最後に言った言葉です。

Merci de *rester* avec nous.　（遅くまで）お付合いくださってありがとう。

これもただ「一緒にいる」だけではなく「（こんな時間までテレビの前に）居続けてくれて」という感じでしょう。

練習問題 8

A 日本語の意味に合うように、選択肢から適切な語を選びましょう。

ⓐ à　ⓑ en　ⓒ sur　ⓓ y

1. Il a eu un accident, et il (　　) est resté. 彼は事故に遭い、死んだ。
2. Il nous reste (　　) le publier.
   私たちにはそれを出版するということが残っている。
3. Il restait (　　) une victoire. 彼は勝利に酔い続けていた。
4. Hier, nous (　　) étions resté à la page 36.
   昨日は 36 ページまで進んだところで終わった。

B 日本語の意味に合うように、選択肢から適切な語を選びましょう。

ⓐ à　ⓑ combien　ⓒ là　ⓓ s'

1. Il faut en rester (　　) de cette discussion inutile.
   こんな役に立たない議論はこの辺でやめるべきだ。
2. Il reste beaucoup (　　) écrire dans ce livre.
   この本に書きたいことがたくさん残っている。
3. Reste à savoir (　　) de personnes sont là. 何人いるのかがわからない。
4. Reste à savoir (　　) il a la capacité de le faire.
   あとは彼がそれをする能力があるかどうかが問題である。

C 日本語に訳しましょう。

1. On vous aime bien. Il n'*en reste* pas *moins que* vous avez tort.
2. *Il restait* tant de choses à vendre.
3. *Il reste* des gens qui ont connu l'ère* de Meiji. ＊ ère : 時代
4. *Il reste* muet comme une carpe*. ＊ carpe : 鯉（コイ）
5. Il y a eu troubles et troubles. *Il reste que* tout cela n'était pas mon affaire.
6. Moi, quant à* la connaissance de cette langue, j'*en reste au* niveau débutant.
   ＊ quant à ... : に関しては
7. *Reste* sage.

9 marcher

両足を同時に地面から離す瞬間がないように交互に足を運んで進む動作を「歩く」といいます。複合形の助動詞がêtreではなくavoirなのは、移動よりも動作に重点があるからでしょう。

基本的な表現

「歩く」の意味では一般に主語は人(または動物)です。

marcher + 前置詞 + 場所

「〜を歩く」

日本語では助詞「を」を取りますが他動詞ではありません。

Nous *marchons* dans les bois. 我々は森の中を歩く。

J'aime *marcher* sous les arbres. 私は木々の下を歩くのが好きだ。

marcher sur [dans] + もの

「〜を踏む」「〜に踏み込む」 ＊前置詞によってニュアンスが出ます。

Attention ! tu vas *marcher sur* mes lunettes.
気をつけて！ 私のメガネを踏みそうだ。

Il a *marché sur* un clou [*dans* une flaque d'eau].
彼は釘[水たまり]を踏んだ。

marcher + 様態

***Marchez* droit.** まっすぐ歩け。 ＊後述の比喩的用法も参照。

Il *marche* à grands pas. 彼は大股で歩く。

***Marchez* plus vite de façon à ne pas manquer le train.**
電車に遅れないようにもっと速く歩きなさい。

Nous avons *marché* côte à côte jusqu'à la maison.
私たちは家まで横に並んで歩いた。

「歩く」という意味をもとに、比喩的な用法が生じることがあります。

marcher droit 「品行方正に生きる」「従順に従う」(←まっすぐ歩く)

marcher sur +人 「人を踏みつけにする」「踏み台にする」「ないがしろにする」

marcher sur ses + 年齢　「～歳に近づく」「～の坂を迎える」

Elle *marche sur* ses 50 ans. 彼女は50歳に近づいてきた。　＊話し言葉

主語（もの・こと）+ marcher

主語が「もの・こと」になると、「歩く」ではなく、比喩的になります。

乗物・機械 + marcher

「動く」「機能する」

しばしばbienやmalを伴います。 類義 fonctionner

Il *marche* bien ? On peut l'employer ? それ、ちゃんと動いてる？使える？

Ce photocopieur ne *marche* pas bien. このコピー機はよく動かない。

La machine *marche* sans arrêt. 機械は休みなく動き続けている。

Ça *marche* à l'électricité [automatiquement].
それは電気で[自動的に]動く。

会社・交通機関など + marcher

「開いている」「営業する」

Les autobus ne *marchent* pas à cause des inondations.
バスは洪水のせいで動いてない。

Cette ligne *marche* depuis le 1er avril.
この路線は4月1日から開通している。

事態 + marcher

「進む」「経過する」「推移する」「進展する」

くだけた表現。多くbien, malと共に用います。 類義 aller bien [mal]

Les affaires *marchent* mal en ce moment. 事業は今うまくいっていない。

Entre eux deux, ça ne *marche* plus du tout.
あの2人の仲はもう全くだめです。

仕事・方法・理論など + marcher

「うまく運ぶ」「成果をもたらす」「効き目がある」

Je ne sais pas si cela *marchera*. これがうまくいくかどうかわからない。

Ce médicament *a marché*. この薬はよく効いた。

Ça marche

1)（仕事・事態について）「うまくいく」「順調に進む」

Ça *marche* (bien), le travail ? 仕事は調子がいい？

Dans cette situation, *ça marche* très mal pour lui.

この状況では彼の立場は大変悪い。

2)（レストランで料理の催促に対して）「もうすぐできますよ」（←順調に進んでいる）

Et ma côte d'agneau ? – *Ça marche*, madame.

「で、私の子羊のリブは？」「もうすぐですよ」

作品・俳優・製品など + marcher bien

「人気がある」「売れ行きがよい」

Pourquoi le manga japonais *marche* tellement *bien* dans le monde ?

なぜ日本のマンガが世界中でこんなに人気があるの？

Les livres de Haruki Murakami *marchent bien* depuis une trentaine d'années. 村上春樹の本は30年ほど前から売れている。

主語（人）+ marcherの口語的表現

人が主語でも「歩く」の意味ではない場合があります。

人 + marcher bien

「優秀である」「よくできる」 ＊話し言葉

C'est un élève qui *marche* très *bien* en sciences. 理科がよくできる生徒だ。

人 + marcher

1)「（人の話に）乗る」「同意する」「賛成する」

くだけた話し言葉。 類義 accepter あらたまった言い方にconsentir à。

Je lui ai proposé un projet, je suis sûr qu'il *marchera*.

彼にある計画を提案した。きっと彼は協力してくれるよ。

2)「安易に信じる」「真に受ける」「だまされる」 ＊話し言葉 類義 se faire avoir

On lui raconte n'importe quoi et il *marche*. 彼は何を言われても本気にする。

人 + faire marcher 人

「（人）をだます」「～に言うことを聞かせる」「～を意のままに操る」

Il *fait* souvent *marcher* ses amis. しばしば彼は友人をだましている。

練習問題 9

A 日本語の意味に合うように、選択肢から適切な語を選びましょう。2回使う語があります。

ⓐ dans ⓑ sous ⓒ sur

1. Faites attention à ne pas marcher (　　) une flaque d'eau.
   水たまりに踏みこまないように気をつけなさい。
2. Il faut marcher (　　) le trottoir pour éviter les voitures.
   車を避けるために歩道を歩かなければならない。
3. Ils marchent (　　) la pluie　彼らは雨の中を歩く。
4. Ne marche pas (　　) mes pieds.　ぼくの足を踏まないで。

B 日本語の意味に合うように、選択肢から適切な語句を選びましょう。

ⓐ bien　ⓑ de mieux en mieux
ⓒ l'une après l'autre　ⓓ mal　ⓔ rapidement

1. Cette machine marche (　　).　この機械はますます調子がいい。
2. Elles marchent (　　).　彼女たちは前後になって歩いている。
3. Mon micro marche (　　) depuis deux jours.
   2日前から僕のパソコンは調子が悪い。
4. Paul marche (　　).　ポールは急いで歩く。
5. Ses études marchent (　　).　彼の学業は順調に進んでいる。

C 日本語に訳しましょう。

1. Ce n'est pas possible. Tu *me fais marcher* !
2. Cette montre suisse *marche* très bien.
3. Elle est tombée malade. Elle a eu un traitement, mais il n'a pas *marché*.
4. Il *a marché* dans la combine*.　　＊ combine : 企み、企て
5. Les affaires comment *ça marche* ?　– Plutôt mal.
6. Les métros ne *marchent* pas aujourd'hui, c'est la grève.

10 passer

allerやvenirは出発点から到達点への移動を基本的な意味としますが、passerはある所を「通過する」ことを基本的な意味とします。

passer + 前置詞 + 場所・時間

自動詞なので助動詞はêtreです。

passer par + 通過点

「〜を通過する」「経る」「仲介する」

通過点「〜を通って」を明確に表す前置詞としてparが用いられます。

Nous *passons par* Lyon pour aller à Montpellier.
私たちはリヨン経由でモンペリエに行く。

Vous pouvez *passer par* là. あそこから通って行けますよ。

もちろん、その他の前置詞で通過することもできます。

Si vous venez à Tokyo, *passez chez* moi.
もし東京にいらっしゃる場合には、私の家にお立ち寄りください。

passer avant + 名詞句(もの・人)

「〜に先立つ」「〜より重要である」

「先を行く」から比喩的に「重要である」という意味になります。

Ces collections de timbres *passent avant* ma vie.
これらの切手のコレクションは私の命よりも大事だ。

passer après + 名詞句(もの・人)

「〜より後回しになる」「〜に劣る」

上記の〈 passer avant + 名詞句 〉と逆の表現です。

Il *passe après* sa femme. 彼は奥さんに負けている。

passer sur + 名詞句(もの)

「〜を(わざと)見過ごす」「無視する」「とばす」(←上を通過する)

***Passons sur* les détails.** 詳細はとばしましょう。

passser pour ...

助動詞はavoirが一般的です。

passer pour + 名詞・形容詞

「〜とみなされる」「〜との評判だ」「〜として通る」

pourに続く名詞・形容詞は人・もの(役割)・性質などで、主語の説明をする属詞の役割をします。形容詞は主語に一致し、名詞はしばしば無冠詞になります。

類義 être considéré [regardé] comme, avoir la réputation de

Dans ce village, il *passe pour* un savant. その村で彼は物知りで通っている。

Henriette *passait pour* (une) menteuse.

アンリエットは嘘つきだとみなされていた。

passer pour + 不定詞

「〜する[した]とみなされる」「〜との評判だ」「〜として通る」

Il n'est pas gentil. – Mais il *passe pour* l'être.

「彼はやさしくない」「でもそう思われているよ」 ＊l' は中性代名詞le (= gentil)

Elle *passait pour* avoir refusé cette proposition.

彼女はその申し出をことわったものとみなされていた。

faire passer + 名詞句A + pour + 名詞・形容詞B

「AをBと思わせる」「AをBとして通す」

上記の〈 passer pour +不定詞 〉を使役化した表現です。上記の主語がここではAになっており、形容詞Bはそれに一致します。類義 prendre pour, tenir pour, considérer comme

Elle le *fait passer pour* son frère. 彼女は彼を兄と言って通している。

L'inspectrice *a fait passer* son collègue *pour* son amant.

その女刑事は同僚を愛人だと思わせた。

次例も参照してください。

se faire passer pour + 名詞・形容詞

「自分を〜だと思わせる」「偽る」「〜として通す」

上記の使役表現を再帰化した表現です。

Il *s'est fait passer pour* un incapable. 彼は自分を無能だと思わせた。

Elle *s'est fait passer* pour riche. 彼女は自分を金持ちだと偽った。

passer + 名詞句

他動詞の表現も豊富です。この用法では助動詞はavoirをとります。

passer + 時間 + à + 不定詞

「…をして〜を過ごす」「…するのに〜かかる」

Il *a passé* ses vacances *à* écrire un roman.
彼は小説を書いて休暇を過ごした。

J'*ai passé* deux ans *à* gagner cet argent. 私はその金を稼ぐのに2年かかった。

passer un examen

「試験・検査などを受ける」

「試験を過ごす(経験する)」ことです。「合格する」という意味ではありません。「合格する」はréussir (à) un examenです。

Il a *passé l'examen*, mais il ne l'a pas réussi.
彼はその試験を受けたが落ちた。 ＊目的語なしにil n'a pas réussiも可能です。

passer + 名詞句(もの)

「手渡す」←物を移動させる

***Passez*-moi le sel, s'il vous plaît.** 塩を取ってください。

Je vous *passe* la parole.
そちらに発言権を譲ります(どうぞお話しください)。

passer + 人A + à + 人B

(電話で)**「人Aを人B(聞き手)に渡す」→「Aに代わる」**

Je voudrais parler à Marie.

– Ne quittez pas, je vous la* *passe*. ＊la = Marie

「マリさんいらっしゃいますか？」「お待ちください。(彼女に)代わります」

passer un coup de fil

「電話する」

話し言葉です。passer un coup de téléphoneとも言います。

Elle *a passé un coup de fil* à Jean. 彼女はジャンに電話した。

se passer

se passer de + 名詞・不定詞

「～（すること）なしですます」

名詞は無冠詞にするのが一般的です

Il *s'est passé de* nourriture japonaise pendant son séjour en France.

彼はそのフランス滞在の間、日本食なしですませた。

Ici, on peut *se passer d'*être stressé.

ここではストレスを感じずにすませられる。

主語（もの）＋ se passer

「（ものごとが）生じる」「起こる」「運ぶ」

類義 arriver

Qu'est-ce qui *se passe* ? どうしたの？

Ça *s'est* bien *passé*. それはうまく運んだ。

便利な表現

Passe pour ＋ 名詞句

「～はまあいいが」

このあとに「…のほうは我慢できない・許せない」などと続きます。動詞は不変。名詞句は「もの・こと」です。

***Passe pour* ses retards, mais （je ne permets pas） ses absences.**

彼の遅刻はまだしも、欠席は許せない。

Ça passe.

「それで何とかいける」「通用する」

J'ai fait un modèle. Le voici. – *Ça passera*.

「見本を作ったんだけど。ほら」「それでいけるんじゃない」

C'est passé.

「それはもうすんだことだ」

Tu as dit non. – *C'est passé*. N'en parlons plus.

「君は断った」「もうすんだことだ。その話はよそう」

練習問題 10

A 日本語の意味に合うように、選択肢から適切な語を選びましょう。

ⓐ à　ⓑ après　ⓒ avant　ⓓ de　ⓔ pour　ⓕ sur

1. Il a passé son temps (　　) voir des DVD.　彼はDVDを見て時を過ごした。
2. Je ne peux pas me passer (　　) vous.　あなたなしにはいられない。
3. L'argent passe (　　) la vie.　お金よりは命のほうが大事だ。
4. Le peuple passe (　　) la nation.　国民は国家よりも大事だ。
5. Passez par une agence (　　) avoir le billet.　チケットは代理店を通してください。
6. Je passe (　　) tes fautes.　君の過ちは大目に見るよ。

B 日本語の意味に合うように、選択肢から適切な語句を選びましょう。

ⓐ la fait passer　ⓑ la prend　ⓒ passe
ⓓ se fait passer　ⓔ se prend

1. Elle (　　) pour intelligente.　彼女は知的で通っている。
2. Elle (　　) pour une naïve.　彼女は自分を世間知らずだと思っている。
3. Il (　　) pour naïf.　彼は自分をうぶだと思わせている。
4. Il (　　) pour une artiste.　彼は彼女を芸術家だと思わせている。
5. Il (　　) pour une menteuse.　彼は彼女を嘘つきだと思っている。

C 日本語に訳しましょう。

1. Elle *passe pour* avoir gagné le grand prix.
2. Henri *passe pour* un notable* dans ce village.　＊notable : 顔役(名士)
3. *Passe pour* une moquerie*, mais je ne tolère pas une brutalité*.

＊moquerie : からかい　brutalité : 暴力

4. Son mari pourrait *passer pour* son fils.
5. Tout *se passe bien*.
6. Vous pouvez *vous passer* de manger ?

第2章
代名動詞を使いこなす

この章では、ふつうの動詞と代名動詞がどう異なるのかを知り、代名動詞にどのような可能性があるのかを考えます。とくに代名動詞 se faire を取り上げ、そのさまざまな意味と用法をみていきます。また、代名動詞形しかない、いわゆる本来的代名動詞をいろいろと取り上げます。

1 代名動詞の意味

代名動詞の代表的な意味には、次のようなものがあります。

再帰的：**Il *se lave* avec du savon.** 彼は(自分の)からだを石鹸で洗う。
相互的：**Ils *se regardent* (l'un l'autre).** 彼らは(互いに)見つめ合う。
受動的：**Ça *s'écrit* comment ?** それはどう書かれますか？
本来的：**Je *me souviens* de lui.** 彼のことを思い出す・覚えている。

さらに自発的、中立的な意味があるとも言われています。

再帰的意味

主語が自分を行為の対象とし、行為の結果が自分自身に返ってくる動作を表します。「自分(の…)を〜する」ことから「(自分が) 〜する」という意味になります。se lever (自分を起こす→起きる)、se coucher (自分を寝かす→寝る)などの具体的な動作だけでなく、s'amuser (自分を楽しませる→楽しむ)、s'inquiéter (自分を心配させる→心配する)など心理的な行為などもあります。他動的表現を好む言語のパターンと言えます。英語でも enjoy oneself (楽しむ)などがあります。
しかし英語の再帰動詞には以下の意味は見られません。

相互的意味

主語は「人・複数」(nous, vous, ils, elles, on)で、主語同士が互いに相手を行為の対象とすることを表します。この用法ではしばしば l'un (à) l'autre (互いに)などの表現がいっしょに使われます。s'embrasser (挨拶のキスをし合う)、se saluer (挨拶し合う)、se parler (話し合う)、se téléphoner (電話し合う)、s'écrire (手紙を出し合う)、se tutoyer (tu で呼び合う)、se voir (顔を合わせる)などがよく使われる例です。

受動的意味

主語自体が「〜される」対象であるという意味を表します。主語には主体性がない無生物が多くなります。se dire (souvent) ((よく)言われる)、se tenir ([会議などが]開催される)、se servir ([料理などが]供される)、se prendre ([薬が]服用される)などが可能です。しばしば現在形で一般論として使われます。

本来的代名動詞

代名詞seなしでは用いられず、再帰的な意味が考えにくい代名動詞表現です。s'absenter(席をはずす・欠席する)、s'écrier(叫ぶ)、s'enfuir(逃げる)、s'envoler(飛び立つ)、s'évader(逃げ出す)、s'évanouir(気絶する)、se lamenter(なげき悲しむ)、s'obstiner(しつこく言い張る・強情を張る)、se réfugier(避難する)などがあります。後ろにしばしば目的語〈 de [à] + 名詞句 〉をとります。

さらに、次のような微妙な意味が考えられます。

自発的意味

Elle *se réveille* à six heures. 彼女は6時に目覚める。

La ville *s'agrandit* peu à peu. 街は少しずつ大きくなっている。

再帰的用法として分類されることもありますが、seが主語の意図的行為の対象として考えにくく、自発的な意味合いが感じられます。s'endormir(眠りにつく)、s'assoupir(うとうとする)、s'éveiller(目覚める)、se former(成熟する)、se geler(凍える・寒さに震える)など、この意味を表す動詞は少なくありません。再帰的意味で挙げたse leverもLe soleil se lève.「太陽が昇る」などでは自発的と言えます(もしくは擬人法。その場合には再帰的意味です)。

中立的意味

Ça *se dit*. それは言える。

Ça ne *se dit* pas si facilement. それはそう簡単に言えない。

Cela *se vend* bien. それはよく売れる(←売られる)。

よく受動的意味に分類されるのですが、日本語の訳からわかるように、可能のようでもあり、自発のようにも見えます。英語ではIt can be said / You can say that...(言える)、It sells well.(売れる)などと受身や可能、ときに自動詞で表されます。この用法では受動的意味の用法と同様、主語はものが多く、一時的な出来事ではなく現在形で一般論として述べます。他の例として、se voir(見られる・見える)、se lire(読める)などがあります。

2 se faire

faireは多様な意味がありますが(p.20参照)、その代名動詞se faireにもさまざまな意味と用法があります。

se faire + 名詞句

1)「自分に〜を作る」

ただ「作る」のではありません。「自分のために」というニュアンスがあります。

Je *me suis fait* une robe [un costume]. 私はドレス[スーツ]を仕立てた。

Il *s'est fait* des amis [des relations] en France.
彼はフランスで友だち[知り合い(コネ)]をたくさん作った。

「友だちを作る」の意味で×Il a fait des amis. と言いません。

2)「自分の〜を成す」「手に入れる」「獲得する」

Un jour, il *se fera* un nom. いつか彼は名を成すだろう。

Il a beaucoup travaillé pour *se faire* une telle situation.
彼は大いに働いて、このような地位を築いた。

se faire + 名詞句(考え・気持ちなど)(+ de / sur...)

「…について(考え・気持ち)をもつ・いだく」

しばしば好ましくない意味合いが感じられます。

Tu *te fais* des idées. 君は考えすぎだ(あらぬ想像をしている)。

Il *se fait* d'elle une fausse image. 彼は彼女に誤ったイメージを持っている。

Il ne faut pas *se faire* d'illusions sur cela. それに幻想を持ってはいけない。

Je *me fais* un devoir [un plaisir] de cela. 私はそれを義務[喜び]とする。

se faire + 名詞句(身体部位)

「自分の(身体部位)を手入れする」

Elle *se fait* les ongles [les yeux] tous les soirs.
彼女は毎晩、爪の手入れ[目のメークアップ]をする。

Il *se fait* les mains. 彼は手の手入れをする。

比較 (比喩的に) Il *se fait* la main. 彼は腕を磨く(修練する)。

主語(もの) + se faire

「作られる」「(広く)行われる」「起こる」「流行する」

主語が非生物になると受動的意味になります。

Chaque jour l'histoire *se fait*. 毎日歴史は作られている。

Ça *s'est fait* très vite. それはあっという間のことだった。

Cela *se faisait* au Moyen Âge. それは中世に行われていた。

Les gilets *se font* beaucoup cette année. ベストは今年大流行だ。

主語(人・もの) + se faire

「成長する」「出世する」「熟成する」

Il *s'est fait* lui-même. 彼は自力で立身出世した。

Les vins *se sont faits*. ワインは熟成した。

ça se fait (de + 不定詞)

「(礼儀・慣習として) ～してもよい・できる」

中立的意味。多くは「～するのはよくない」という否定で使われます。

***Ça* ne *se fait* pas.** そんなことするものではない。

比較 Ça ne se fait plus. それは流行遅れである(もうされない)。 ＊受動的

***Cela* ne *se fait* pas de parler la bouche pleine.**
口にものを入れたままで話すのは行儀が悪い。

se faire + 属詞(無冠詞名詞・形容詞)

「～になる」「自分を～にする」

Il *s'est fait* médecin [avocat]. 彼は医者[弁護士]になった。

Ma tante *se faisait* vieille. 伯母は歳をとっていた。

Le temps *se fait* brumeux. 天気は靄(もや)になってくる。

Catherine *s'est faite* belle pour la fête.
カトリーヌはお祭りのためにめかしこんだ。

se faire à + 名詞句(場所・仕事・生活・考えなど)

「～に慣れる」「なじむ」

類義 s'habituer, s'accommoder à...

Nous *nous sommes faits à* cette vie. 私たちはその生活に慣れた。

On *se fait à* tout. 皆どんなものにも慣れます。

Elle ne *s'est pas faite à* cette idée. 彼女はその考え方に慣れなかった。

Ma raquette *s'est faite à* ma main. 私のラケットは手になじんでいる。

便利な表現

s'y faire

「(それに)慣れる」「なじむ」

上述の表現の〈 à + 名詞句 〉を y におきかえたものです。

Je ne peux pas *m'y faire*. 私はそれにあまりなじめない。

Ça va, je commence à *m'y faire*. 大丈夫。慣れてきたよ。

s'en faire (pour + 人)

「(人のことを)心配する」

くだけた表現です。se faire des soucis(自分の心に心配を抱く)の des soucis がenになっています。したがってenは「心配(の種)」を表します。

Ils *s'en font* toujours *pour* leur jeune fille.
彼らはいつも娘のことを心配する。

否定形は下記のようになります。

Ne *t'en fais* pas. 心配するな。

Ne *vous en faites* pas. 心配しないでください。

se faire + 不定詞

〈 faire + 不定詞 〉は使役「〜させる」ですが、代名動詞になると、いくつかのニュアンスができます。以下ではfaireの過去分詞は一致をしません。

1)**「(自分で)〜する」**(←自分を〜させる)

再帰的意味です。

Il me dit toujours la même chose. Je *me fais* suer.
彼はいつも同じことを言う。うんざりする。 *話し言葉

2)**「(自分のために)〜させる」**

使役表現です。

Je *me suis fait* amener un candidat. 候補者を連れてこさせた。

Il *s'est fait* faire son costume. 彼はスーツを作らせた。

3)「(自分のために)〜してもらう」

2)との意味の差は微妙です。話者の捉え方によって「させる」とも「してもらう」とも解釈できます。また、4)の「される」との差も微妙です。

Elle *s'est fait* opérer. 彼女は手術を受けた。

Il *s'est fait* couper les cheveux hier. 彼は昨日髪を切ってもらった。

4)「〜される」

受身表現です。動作主はpar［de］で導入します。

Je *me suis fait* voler mon sac. 私はかばんを盗まれた。

Il *s'est fait* renverser par une voiture. 彼は車に轢かれた。

Le chien *s'est fait* caresser par le garçon.
その犬は少年になでられた。

主語が物事の場合、受身の(または中立的な)意味になりやすくなります。

Un grand bruit *s'est fait* entendre. 大きな物音が聞かれた。

La patte !

Assis !

Il me dit toujours la même chose.
Je me fais suer.

練習問題 11

A 日本語に訳しましょう。

1. Elle *s'est fait* un bleu*.

* bleu: 青あざ

2. Elle *se fait* toujours des illusions.
3. Rome ne *s'est* pas *faite* en un jour.
4. Ce modèle ne *se fait* plus.
5. Les fromages *se sont* déjà *faits.*
6. Il *se fait* vieux.
7. Il *s'est fait* professeur.
8. Les moineaux *se font* bien rares.
9. Mes yeux *se sont faits* à l'obscurité.
10. Je *ne m'y fais pas*.
11. Je *m'en fais* toujours.
12. Je *me suis fait* aider par mon ami.
13. Elle *s'est fait* voler son portefeuille dans le métro.
14. Je *me suis fait* punir pour bavardage à l'école.
15. Il *se fera* remplacer par un collègue.
16. Il *s'est fait* nommer à ce poste.
17. Le vieux médecin *se fait* respecter de tout le monde.

3 動詞 vs 代名動詞

前項のfaire（作る）とse faire（自分のために作る）のように、ある動詞が代名動詞になると本来の意味と似ているが微妙にニュアンスが異なったり、ときには似て非なる意味をもったりすることがあります。

aller / s'en aller　行く / 出かける・立ち去る・消える

allerが目的地に「行く」ことに重点があるのに対し、s'en allerは目的地よりも「ここから」「そこから」ということに重点をおいた表現です。そのため、en（そこから）がついています。

***Va-t'en* tout de suite !**　すぐに出て行け！

***Allons-nous-en* chercher notre chien.**　イヌを捜し（迎え）に行きましょう。

imaginer / s'imaginer　想像する・思う / 思い込む

いずれも主語は人で、「想像する」という意味をもちますが、imaginerが「そうだと思い描く」のに対し、s'imaginerは「（間違って）そう思い込む」というニュアンスがあります。

imaginer + 名詞句（ + 属詞）/ 不定詞 / que + 直説法

Nous *imaginons* ce voyage tourmenté.
私たちはこの旅行を苦しいだろうと想像している。

s'imaginer + 名詞句 + 属詞 / 不定詞 / que + 直説法

Il *s'imagine* jouer un rôle important.
彼は重要な役割を果たしていると思っている。

douter / se douter　疑う / 気づいている

一見同じようですが、ほぼ反対の意味です。英語ではそれぞれdoubtとsuspectに対応します。いずれも主語は人。

douter de + 名詞句 / 不定詞

「疑う」「不審に思う」

類義 avoir un doute (sur)

Elle commence à *douter de* sa capacité.

彼女は彼の能力に疑いを抱き始めている。

Il ne *doute de* rien.

彼は自信家だ(がむしゃらだ←何も疑わない)。

Je *doute de* l'avoir compris.

私はそれを理解したとは思えない。

Je ne *doute* pas *de* l'aimer de tout mon cœur.

私は彼女を心から愛していることを疑わない。

Je n'en *doute* pas.

私はそのことを疑わない。

se douter de + 名詞句

「〜に気づいている」「きっと〜だろうと思っている」

〈 ×de + 不定詞 〉の形式はありません。 類義 soupçonner

Je *me doute de* ses sentiments particuliers pour moi.

私には彼女の私に対する特別な気持ちが分かっている。

Elle est venue ? Je *m'en doutais* bien.

彼女が来たって? きっとそうだと思っていたよ(来るとほぼ確信していた)。

意味の違いは確信度と関わりがあり、que 節をとる際の叙法にも影響します。

douter que + 接続法

「〜であることを疑う」

節内の事態に確信がない場合です。

Je *doute qu'*il vienne. 彼が来ることは疑わしい。

se douter que + 直説法

「〜であることに気づいている」

節内の事態に確信がある場合です。

Je *me doute qu'*il a menti. 彼が嘘をついたことに私は気づいている。

servir / se servir　役立つ / 使う

servir à + 名詞句 / 不定詞

「〜（するの）に役立つ・使われる」

主語は主に「もの」。名詞句は人・もので、quelque chose, quoi, rienや、行為名詞fabrication（製造）、transport（輸送）などがよく見られます。物質名詞はあまりとりません。 類義 être utile pour

Ça *sert à* quoi ?　– Ça ne *sert à* rien.

「それ何に役立つの？」「何の役にも立たない」

Ce four à micro-ondes lui *a* beaucoup *servi*.

この電子レンジは大いに彼の役立った。

Ce couteau (nous) *a servi à* couper le fromage.

このナイフは（私たちには）チーズを切るのに役立った。

servir de + 名詞（à + 人）

「（人に）〜として役立つ・使える」

主語は「もの」。名詞は多くは無冠詞で「もの（具象・物質名詞）」。

類義 être utile comme

Ce canapé *sert de* lit.　このソファはベッドとして使える。

Le dictionnaire me *sert de* somnifère.　辞書は私には睡眠薬として役立つ。

se servir de + 名詞句

「〜を使う・利用する」

主語は人、名詞句は「もの」です。 類義 utiliser

Vous *vous servez de* quoi pour manger ?

– Nous nous servons de baguettes.

「あなたがたは食事をするのに何を使いますか？」「箸を使います」

Il *s'est servi de* ciseaux pour couper les légumes.

彼は野菜を切るのにハサミを使った。

上記は2例ともdeは〈 de + 不定冠詞des 〉の縮約形で、無冠詞ではありません。

4 seは「意志」のしるし

〈 動詞＋前置詞 〉表現の多くは、動詞が代名動詞になっても同じような意味をもちます。ただし両者は前置詞が異なることが多く、また全く同義というわけではありません。しばしば微妙なニュアンスの違いをもっています。

attendre / s'attendre　待つ / 予想・期待・覚悟する

attendre + 名詞句 / de + 不定詞 / que + 接続法

「〜するのを待つ」「〜するまで待つ」

Elle *attend d'*avoir 18 ans.　彼女は18歳になるのを待っている。

s'attendre à + 名詞句 / à + 不定詞 / à ce que + 接続法

「〜することを予想・期待・覚悟する」

類義 prévoir

Elle *s'attend à* le rencontrer un jour.
彼女はいつか彼に会うことを期待している。

このように、普通の動詞よりも代名動詞表現のほうが動作主(主語)の主体性が比較的強く感じられます。その行為・動作を自分の意志や共感をもってするという感じがします。言い換えれば、seの有無が「意志」の強弱のしるしになっているのです。

また動詞が拒否や決定などの行為を表す場合は、しばしば代名動詞のほうが行為の前にためらいや努力の気持ちがあったことを感じさせます。これもseがかもし出すニュアンスといえます。

前置詞は〈 動詞＋de 〉/〈 代名動詞＋à 〉という組み合わせがよく見られます。

essayer / s'essayer　努める / 試してみる

essayer + 名詞句 / de + 不定詞 / que + 接続法

「〜してみる」「〜しようと努める」

類義 s'efforcer de

Elle a *essayé de* faire un gâteau.　彼女はお菓子を作ってみた。

s'essayer à + 名詞句 / à + 不定詞

「あえて〜してみる」「できるかどうか試してみる」

文語的で、やや気取った感じがします。 類義 s'exercer à

Il *s'essaya à* construire sa maison par soi-même.

彼は自分の家を自分自身で建てることにあえて挑戦した。

refuser / se refuser　拒む / あえて〜しない

refuser + 名詞句 / de + 不定詞

「〜することを拒む」「〜しようとしない」

Je *refuse de* recevoir cet argent. 私はそのお金をもらうことを拒む。

se refuser + 名詞句 / à + 不定詞

「あえて〜しようとしない」

文語的で、やや気取った感じがします。

Je *me refuse à* le recevoir. 私はどうしてもそれを受け取りたくない。

décider / se décider　決める / 決心する

décider + 名詞句 / de + 不定詞 / que + 直説法(接続法)

「〜することに決める」

類義 résoudre de

Nous *avons décidé de* ne pas les attaquer.

私たちは彼らを攻撃しないことに決めた。

se décider à + 名詞句 / à + 不定詞

「〜する決心をする」

文語的で、やや気取った感じです。 類義 se résoudre à

Tu *t'es décidé à* me suivre ? – Non.

「僕についてくる決心をした？」「いいえ」

résoudre / se résoudre　決める / 決心する

résoudre + 名詞句 / de + 不定詞 / que + 直説法

「〜することに決める」

類義 décider de

Nous avons *résolu d'*attaquer les Heike demain matin.

我々は明朝、平家を襲撃することに決めた。

se résoudre à + 名詞句 / à + 不定詞 / à ce que + 接続法

「〜する決心をする」

文語的で、やや気取った感じです。 類義 se décider à

A quoi est-ce que tu penses ?

– Je *me suis résolu à* la quitter.

「何を考えてる？」「オレ、彼女と別れることにしたよ」

risquer / se risquer　可能性がある / あえて〜する

risquer de + 不定詞 / que + 接続法

「〜するおそれがある」「〜する可能性がある」

未来の可能性を現在の状態として言います。未来については現在形、過去については半過去形にします。 類義 pouvoir + 不定詞、il se peut que + 接続法

Elle *risque de* partir toute seule.

彼女はたったひとりで出発するおそれがある。

se risquer à + 不定詞

「思い切って〜する」「あえて〜する」

文語的で、やや気取った感じです。複合過去形も可能です。

Elle *s'est risquée à* partir toute seule.

彼女は思い切ってひとりで出発しようとした。

代名動詞が前置詞deを伴ったり、不定詞をとらなかったりするものもあります。この場合も多くは先述と同様、代名動詞のほうが動作主（主語）の主体性が強く感じられるという傾向が見られます。

approcher / s'approcher　近い・近くなる / 自ら近づいていく

approcher de + 名詞句

「～に近くなる」「近い」

Son style *approche de* celui de Proust.
彼(女)の文体はプルーストのものに近い。

s'approcher de + 名詞句

「(自分から) ～に近づいていく」

Elle *s'est approchée de* Marcel.　彼女はマルセルに近づいていった。

apercevoir / s'apercevoir　目に入る・気づく / 自身で気づく・分かる

apercevoir + 名詞句

「～が目に入る」「(視覚的・物理的に)気づく」

具体的なものを対象にするため、〈 que +節 〉をとりません。

類義 voir, entrevoir

J'*ai aperçu* Matsumura à Harajuku.　原宿で松村を見かけた。

s'apercevoir de + 名詞句 / que + 直説法

「(自分自身で) ～に気づく」「～が分かる」

類義 se rendre compte de

Je *m'aperçois* maintenant de mon erreur.
私は今は自分の間違いに気づいている。

rire / se rire　笑う・からかう / 軽視する

rire de + 人

「(人を)からかう」「あざ笑う」「嘲笑する」「ばかにする」

Ne *riez* pas *de* moi !　– Nous ne *rions* pas *de* vous.
「私をからかわないでください！」「私たちはあなたをからかってはいない」

se rire de + 名詞句

「(人・ものを)軽視する」「無視して笑い飛ばす」

文語的。古い用法では「あざ笑う」「ばかにする」の意味もありました。

Elle *se rit des* obstacles.　彼女はその障害物をものともしない。

比較〈 se moquer de + 名詞句 / 不定詞 〉は「からかう」と「軽視する」の両方の意味をカバーする表現です。rire / se rire よりもよく使われます(p.82参照)。

Vous *vous moquez de* moi ?　私をからかっているのですか？

Je *me moque des* rivaux.　私はライバルなんか何でもない。

代名動詞の比喩的意味

様態の変化を表わす動詞の中には、比喩(隠喩)的な意味をもつものがあります。その場合，動詞形よりもむしろ代名動詞形のほうにその比喩的な意味が見られることが多いようです。

rouiller / se rouiller　さびる / さびつく

Le clou *a rouillé*.　釘はさびた。

この意味では代名動詞形×s'est rouillé は使いません。

他方、次のような比喩的な用法があります。

Les doigts du pianiste *se sont rouillés*.　ピアニストの指はさびついた。

この意味では普通形×ont rouillé は使いません。

下記も同様です。

fondre / se fondre　溶ける / 溶け込む

La glace *fond* / ×se fond au printemps.

氷は春に溶ける。

La maison *se fond* / ×fond dans le paysage.

家は景色に溶け込んでいる。

ternir / se ternir　光沢がなくなる / 輝き・明るさを失う

L'argenterie *a terni* / ×s'est ternie.

銀食器は光沢を失った。

L'atmosphère de la fête *s'est ternie* / ×a terni.

パーティの雰囲気は暗くなった。

練習問題 12

A 日本語の意味に合うように、選択肢から適切な語句を選びましょう。

1. Elle ne (ⓐ doute ⓑ se doute) pas de ses torts.
彼女は自分の間違いに気づいていない。

2. Je (ⓐ doute ⓑ me doute) de son amour pour moi.
私は私に対する彼女の愛情を疑っている。

3. Il ne (ⓐ doute ⓑ se doute) pas de ma fidélité.
彼は私の忠誠心を疑っていない。

4. Il (ⓐ a un doute sur ⓑ soupçonne) notre complot.
彼は我々の陰謀に気づいている。

5. Cet ordinateur (ⓐ sert à ⓑ sert de ⓒ se sert du) chauffage en hiver.
このコンピュータは冬には暖房として使える。

6. Cette machine (ⓐ sert à ⓑ sert de ⓒ se sert du) traduire le français en japonais. この機械はフランス語を日本語に翻訳するのに役立つ。

7. Il (ⓐ sert à ⓑ sert de ⓒ se sert du) dictionnaire pour traduire.
彼は翻訳するのに辞書を利用する。

8. Je (ⓐ n'attendais ⓑ ne m'attendais) pas à ce résultat.
こういう結果になるとは思っていませんでした。

9. Nous avons essayé (ⓐ à ⓑ d') ouvrir la boîte.
私たちはその缶詰を開けようとした。

10. Il (ⓐ a refusé ⓑ s'est refusé) de payer. 彼は支払いを拒んだ。

11. Il (ⓐ a décidé ⓑ s'est décidé) à acheter cet appartement.
彼はそのマンションを買う決心をした.

12. Le temps (ⓐ risque ⓑ se risque) de changer. 天気が変わりそうだ。

13. J'approche (ⓐ à ⓑ de) la quarantaine. 私は40歳に近づいている。

14. (ⓐ Approche ⓑ Approche-toi) un peu. もうちょっと近づいてくれ。

5 本来的代名動詞

現代語では代名動詞形しかない本来的な代名動詞を挙げておきましょう。

s'absenter (de + 名詞句)

「席をはずす」「欠席する」「～をあける」 参考 absent : 不在の(形容詞)

Il *s'absentera du* Japon [de son domicile] pendent l'été.
彼は夏のあいだ日本を離れる[家をあける]。

s'abstenir (de + 名詞 / 不定詞)

「～するのを慎む」「控える」「断つ」 類義 se priver de

Il faut *s'abstenir de* tabac [d'alcool]. タバコ[酒]を控えるべきだ。

s'acharner (à + 名詞句 / 不定詞)

「～に熱中する」

前置詞がaprèsの場合は「～につきまとう」、contreの場合は「～に攻撃をする」、surの場合は「～に取り組む」。主語は人・もの。

Elle *s'acharne* depuis deux jours *sur* la traduction qu'on lui a demandée.
彼女は2日前から頼まれた翻訳に必死に取り組んでいる。

s'adonner (à + 名詞句)

「～に没頭する」「打ち込む」「身をゆだねる」

Elle *s'adonne à* l'étude sur les virus. 彼女はウイルス研究に没頭している。
Il *s'est adonné à* la boisson. 彼は酒におぼれた。

s'attarder (à [sur] + 名詞句 / à + 不定詞)

「ぐずぐずする」「～するのに手間取る」 参考 tard : 遅い(形容詞)

Il *s'attarde* chez son amie. 彼は彼女のところに長居している。

se dédire (de + 名詞句)

「前言を翻す」「約束を破る」「～を取り消す」

Vous *vous dédisez du* contrat ? 契約を反故(ほご)にするのですか？

s'écrier (que + 直説法)

「～と叫ぶ」「言葉を叫んで言う」 比較 crier : 叫ぶ

物語で使われ、3人称主語が多い。

Soudain, il *s'est écrié* : « Au secours ! » 突然彼は叫んだ。「助けて」と。

s'enfuir (de + 名詞句)

「～から逃げる」「時が過ぎ去る」

Ils *se sont enfuis de* prison la semaine dernière. 彼らは先週脱獄した。

Le temps s'*enfuit*. 時の経つのは早い。

s'enquérir (de + 名詞句(人・もの))

「～を調べる」「問い合わせる」

Il *s'enquiert* de Léa. 彼はレアの消息を尋ねる。

s'envoler

「(鳥・飛行機などが)飛び立つ / 消え去る」「(葉・紙などが)飛ぶ / 舞う」

起動的な意味をもちます。 比較 voler : 飛ぶ・飛んでいる(継続的)

L'avion *s'est envolé* pour Singapour. 飛行機はシンガポールに飛び立った。

Les papiers *se sont envolés* avec le vent. 書類は風で全部飛んでしまった。

s'évader (de + 名詞(句))

「～から逃げ出す」

Ils *se sont* à nouveau *évadés de* prison. 彼らはまたも脱獄した。

s'évanouir

「気絶する」

Elle a eu très peur et *s'est évanouie*. 彼女は怖くて失神した。

s'évaporer

「蒸発する」「消え失せる」 参考 vapeur : 蒸気(名詞)

La sueur *s'est* déjà *évaporée*. 汗はもう消えた。

se fier (à + 名詞句(人・もの))

「～を信用・信頼する」「～をあてにする」

Je *me fie à* Jean [aux apparences / à la chance].

私はジャン[外見 / 運]を信頼する。

se méfier (de + 名詞句(人・もの))

「〜を信用しない」「用心する」

Elle *se méfie de* la parole de Jean. 彼女はジャンの言葉を信用しない。

se formaliser (de + 名詞句 / de + 不定詞 / que 接続法)

「〜に気を悪くする」「怒る」

Il *s'est formalisé de* ne pas avoir été invité à cette réception.
彼はそのパーティに招待されなかったことで気を悪くした。

se lamenter (sur [de] + 名詞句 / de + 不定詞)

「〜を嘆く」「嘆き悲しむ」

Elle *se lamente* toujours *sur* son sort [malheur].
彼女はいつも身の上[身の不幸]を嘆いている。

Il *s'est lamenté de* garder le lit.
彼は寝た切りになっていることを嘆いた。

se méprendre (sur + 名詞句)

「〜について取り違える」「勘違いする」

Tu *t'es mépris sur* les intentions de Marie. 君はマリの意図を誤解している。

se moquer (de + 名詞句(人・もの) / 不定詞)

「〜をからかう」「無視する」「平気で〜する」

(se) rire de (p. 77) も参照。文語では、代名動詞ではない moquer (〜を愚弄する) があります。

Tu *te moques de* moi ? 私をからかってるの？

Il *se moque de* mentir. 彼は平気でうそをつく。

s'obstiner (à + 不定詞)

「意固地になる」「しつこく言い張る」「強情を張る」「あくまで〜しようとする」

Ne *t'obstine* pas. 意地にならないで。

Elle *s'obstinait à* nier. 彼女はあくまで否定していた。

se rebeller (contre + 名詞句)

「～に逆らう」「抵抗する」

Ils *se rebellent contre* l'autorité. 彼らは権威に逆らっている。

se réfugier

「避難する」「亡命する」 参考 refuge : 避難所(名詞)

Il *s'est réfugié* dans le bâtiment. 彼は建物の中に避難した。

se repentir (de + 名詞句(行為) / 不定詞(複合形d'avoir ...))

「～(したこと)を後悔する」

Il *se repent de* son imprudence. 彼は自分の軽率な行為を悔いている。

Je ne *me repens* pas *de* lui avoir dit la vérité.

私は彼に本当のことを言ったことを後悔していない。

se soucier (de + 名詞句 / 不定詞)

「～を気にかける」「心配する」

Il ne *se soucie de* personne [de sa santé].

彼は人のことなど気にかけない[健康を気にしない]。

Je *me soucie d'*être en retard. 私は遅刻することが心配だ。

se souvenir (de + 名詞句 / (de) + 不定詞 / que + 直説法)

「～を覚えている」「思い出す」

Tu *te souviens de* Théo ?

– Oui, je *me souviens* bien *de* lui [je m'en souviens bien].

「テオのこと覚えてる？」「よく覚えてるよ」

Elle ne *se souvient* pas (*de*) t'avoir dit cela.

彼女は君にそう言ったことを覚えていない。

＊本来はあるべきdeが省略されるのはse rappelerとの類推からです。

Tu *te souviens* qu'il a dit cela ? 君は彼がそう言ったことを覚えてる？

＊se souvenirが否定になると、que節内は接続法になります。

se targuer (de + 名詞句 / 不定詞)

「～を鼻にかける」「～できると自負する」

Il *se targue de* ses succès. 彼は自分の成功を鼻にかけている。

練習問題 13

A 日本語に訳しましょう。

1. Je *m'abstiens de* sucreries.
2. La malchance *s'acharnait après* lui.
3. Il *s'attarde en* chemin.
4. Je *me suis enquis* de la santé de M. Lecoq.
5. Mes inquiétudes *se sont évaporées*.
6. *Méfie-toi d'*un inconnu !
7. Ne *vous moquez* pas *de* moi.
8. Ils *se sont rebellés contre* le gouvernement.
9. Vous *vous repentirez de* cette faute.
10. Je *me souviens* bien *de* ce voyage.

La malchance s'acharnait après lui.

第3章
動詞のニュアンスを使いこなす

この章では、似た意味や機能をもつ動詞の意味とニュアンスを解説します。「思う·考える」動詞、「みる」動詞、「言う・話す」動詞、「帰る・戻る」動詞などの各グループに共通する側面を、その言語使用との関わりで考えます。そのために、動詞と名詞（主語、目的語）との結びつき（コロケーション）に注目します。

1 「思う・考える」動詞

かつて日本人は、海外で“think man”と言われたことがありました。英語で話すとき、何かにつけ、“I think...”「～と思う」と言うからです。最近そう呼ばれなくなったのは、日本人も自分の考えを断定的に言うようになったから…とは思えません。おそらく“I believe...”やその他の表現も使う知恵がついたのでしょう。実際、日本語でも「～と思います」を頻繁に使います。

フランス語ではどう言うでしょうか。まず浮かぶのはpenserとcroireです。しかしこの2つの動詞は、同じ意味ではありません。さらに「思う」と訳すことが可能な表現は他にもあります。

ここではそのような動詞表現についてその意味とニュアンスを見ることにします(p.89の表も参照)。

penser, croire, avoir l'impression, juger, estimerなど

penser / croire que + 直説法

たとえば、小包を送って数日後に「もう受け取ったと思います」と手紙に書く場合、次のどちらが適切でしょうか。

Je *pense* que vous avez reçu mon paquet.

Je *crois* que vous avez reçu mon paquet.

私からの小包をお受け取りになったと思います。

この例では、penserのほうがより適切だと言えます。

一般に、penserは「考えた結果そう思う」という印象を与えるのです。それに対しcroireは「ただ(根拠もなく)そう信じている」という意味合いです。したがって、「送ってからもう数日たっているから…」と考えた結果を考えるのにcroireではおかしいのです。

このように、penserよりもcroireの方が、「思う」内容が事実かどうかに関する根拠に乏しく、説得的ではないという印象を聞き手に与えます。

ただし、croireのほうが、話し手の確信の気持ちは強く感じられます。

Je *pense* qu'il a raison. 彼は正しいと思う(考慮の結果として)。

Je *crois* qu'il a raison. 彼は正しいと思う(ともかく信じている)。

判断内容は基本的に制約がありませんが、croireは個人的な主観性が強いものが多く、penserは一般的判断であることが多くなります。しかしながら、penser, croireいずれも、事実だとわかっていることには用いることはできず、また対象を実際に見聞したり味わったりするなどの直接的な体験に基づく判断・評価には使いにくいようです。

たとえば、次の文は、まだ見ていない場合にしか言えません。

Je *pense* / *crois* que le film est intéressant. その映画は面白いと思う。

そういうわけで、いずれの表現も、断定を緩和することになります。

では体験・経験に基づく判断はどう表すのでしょうか。

以下の動詞(表現)はいずれも、que節の内容が、何らかの経験に基づく判断であることを意味しています(ニュアンスの違いをやや誇張して訳していますが、いずれも「思う」と訳すこともできます)。

avoir l'impression que + 直説法

avoir l'impressionは、経験といっても、周りの雰囲気や人々の反応など間接的なものにすぎません。また考えた結果でもありません。そのため確信度は低く、「〜ような気がする・印象がする」という意味合いになります。

J'*ai l'impression qu'*il viendra. 彼が来るという気がする。

J'*ai l'impression qu'*il n'est pas coupable.
彼は犯人ではないような気がする。

juger que + 直説法

jugerは、同じく間接的な経験による判断を示しますが、熟慮した結果としてやや確信している感じがあります。

Je *juge que* la situation est très mauvaise.
状況はとても悪いと判断している。

ただし、実際の体験に基づいてはいません。

Étant donné la critique, je *juge que* le film est intéressant.
評論からみて、私はその映画が面白いと思う。

この例では、話し手は映画を見ていない可能性があります。

estimer que + 直説法

estimerでは、その判断は、対象について調査したり実際に見聞したりするなどの直接的な体験に基づいています。その上、考慮した結果の判断として、かなり確信があるとともに、判断内容に一般性が感じられます。

J'*estime que* ce n'est pas cher. それは高くないと評価している。

J'*estime qu'*il faut interdire la construction de tours dans Paris.

（調査・熟慮して）パリ市内では高層ビルの建設は禁止すべきだと思う。

trouver que + 直説法

estimerと同様、基本的に直接的体験に基づきますが、より重要なのは、判断内容が他人の受け売りではなく、話し手独自の考えだという意味合いがあり、個人的主観性が強いといえます。日常「〜だと思う」「感じがする」と感想（称賛）を言うときに最もよく使われる動詞と言っていいでしょう。そのため客観的事実の判断には使えません。

×**Je trouve que cette table est rectangulaire.**

このテーブルは四角だと思う。

ただし、trouverにはそれほどの確信や熟慮のあとは感じられません。

Je *trouve qu'*elle a un certain charme. 彼女にはある種の魅力があると思う。

Je *trouve que* cette soupe est bonne. このスープはおいしいと思う。

必ずしも体験ではない例もあります。むしろ独自性が重要なのです。

Je *trouve que* la mort de César a été horrible.

シーザーの死はひどいものだったと思う。

considérer que + 直説法

独自の判断に、ある程度の確信と熟慮の結果というニュアンスが感じられます。estimer同様、判断内容に一般性があります。

Je *considère que* leurs problèmes nous concernent aussi.

彼らの問題は私たちにも関係していると考えている。

Je *considère qu'*il est déjà trop tard.

もう遅すぎると私は思う[考える]。

espérer que + 直説法

根拠はないが、期待を込めた推測を表します。

J'*espère qu'*on se reverra un jour au Japon.

私はいつか日本でまた会えると思っている[期待している]。

J'*espère que* nos chemins s'y croiseront encore.

我々の行く道はまた交差するだろうと思う[期待している]。

そこから、約束や押しつけ、ときには脅しの意味合いが出ることがあります。

J'*espère que* tu t'es lavé les mains. おまえは手を洗っただろうね。

supposer que + 直説法

体験はなく、推測に基づく判断であることを表します。

Je *suppose qu'*elle a un certain charme.

彼女にはある種の魅力があると思う[推測している]。

imaginer que + 直説法

体験はなく、想像に基づく判断であることを表します。

J'*imagine qu'*ils sont bien arrivés. 彼らはちゃんと着いたと思います。

以上をまとめると、「〜だと思う」を表す動詞の特徴は次のようになります。

「〜だと思う」(複文型式)

表現	叙法	意味
je pense que	+ 直説法	思慮・根拠はあるが、体験のない判断
je crois que	+ 直説法	確信はあるが、思慮・根拠・体験のない個人的主観的判断
j'ai l'impression que	+ 直説法	間接的体験、個人的主観的判断
je juge que	+ 直説法	間接的体験+熟慮
j'estime que	+ 直説法	直接的体験+考慮、一般性の高い判断
je trouve que	+ 直説法	直接的経験+独自性、個人的主観的判断
je considère que	+ 直説法	直接的経験+独自性+考慮、一般的判断
j'espère que	+ 直説法	根拠のない期待
je suppose que	+ 直説法	根拠のない推測
j'imagine que	+ 直説法	根拠のない想像

ここで取り上げた「思う」動詞の意味については、いずれも動詞の主語がjeの場合です。1人称以外の主語の場合は、必ずしも上の表のようにはならないことがあります。

「透明な文脈」と「不透明な文脈」

Je ne pense pas que + 接続法 / 直説法

「思う」動詞が否定形になるとque節内は接続法か直説法になります。

Je *ne pense pas que* tu réussisses. 君が合格するとは思わない。[接続法]

Je *ne pense pas que* tu réussiras. 君が合格すると思わない。[直説法]

直説法は発言全体の確信度が高いのに対し、接続法は確信度がやや低く、また他人の意見を否定している可能性があります。しかしいずれもその基本的な意味はほぼ同じで、次のように言い換えることができます。

Je *pense que* tu ne réussiras pas. 君は合格しないと思う。

このように、否定を接続詞queの前後どちら側に置いてもほぼ同義という構造を「透明な文脈」と言います。

ただし、この現象はどの動詞表現にも見られるわけではありません。一般に、節の内容に対する確信度の弱い、あまり特殊なニュアンスを持たない動詞(croire, penser, juger, estimer, trouver, considérer, semblerなど)によく見られます。

Je *crois* qu'il *ne* viendra *pas*. 彼は来ないと思う。

≒ **Je *ne crois pas* qu'il vienne / viendra.** 同上(←彼が来ると思わない)

Je *considère* qu'il *n'*a *pas* raison. 彼は正しくないと思う。

≒ **Je *ne considère pas* qu'il a / ait raison.** 同上(←彼が正しいと思わない)

***Il semble* qu'elle *ne* dise *pas* la vérité.** 彼女が真実を言わないように思う。

≒ ***Il ne semble pas* qu'elle dise la vérité.** 同上(←真実を言うように思えない)

それに対して、確信度の強さを伝えたい動詞や述語表現(assurer, être sûrなど)では、否定の位置によって意味が変化してしまいます。

J'*assure* que ce *n'*est *pas* vrai. それが本当でないことは保証する。

≠ **Je *n'assure pas* que ce soit vrai.** それが本当であることは保証しない。

Je *suis sûr* qu'il *ne* viendra *pas*. きっと彼は来ないと思う。

≠ **Je *ne suis pas sûr* qu'il viendra.** 彼が来るとは確信していない。

これらは「不透明な文脈」だと言えます。

この「透明性」についても、動詞の主語が1人称以外の場合は、必ずしも上のようには言えないことがあります。

注意すべき用法

Pensez-vous que + 接続法

「思う」動詞では、疑問文のときも、que節内が接続法になります。節内のことがらの事実性が問われているからです。

***Croyez-vous* que ce soit difficile ?** それは難しいと思いますか？

主語 + 動詞 + 目的語(人・もの) + 属詞(名詞・形容詞)

「思う」動詞は、que節をとる複文形式に対応してque節をとらない単文形式をもつものがあります。

Je trouve que *ce travail est fatigant*. 私はこの仕事が疲れると思う。

Je trouve *ce travail fatigant*. 私はこの仕事が疲れると思う。

これらの文はほぼ同じ意味です。上の文が複文形式、下の文がそれに対応する単文形式です。

しかし実は単文にもce travail est fatigantという文が根底に隠されていると考えられます(p.92のコラム参照)。

Je crois qu'*il est malade*. 私は彼が病気だと思う。

Je le crois *malade*. 私は彼(は)病気だと思う。

上と同様、下の単文にもil est maladeが根底に隠されています。

この単文形式はcroire, juger, estimer, trouver, supposer, imaginerなどの動詞で可能です。penserによるこの形式は古くなり、現代語では言いません。

×**Il pense cela spécial.** 彼はそれを特別だとは思わない。

considérerは属詞の前にcommeがつきます。

Il *considère* son travail *comme* terminé. 彼は仕事が終わったと考えている。

文, 主語 + 動詞

文のあとに付加文として「思う」動詞をつける形式です。話し言葉です。

Cet homme est malade, *je crois*. この人は病気だよ、きっと。

いずれの構文形式でも、それぞれの動詞のニュアンスは維持されます。

参考 ..., dit-il. ＊「言う・話す」動詞は倒置になります(p.112)。

Je te trouve ravissante.

単文形式と複文形式の意味は全く同じかというと、そうとも言えません。たとえば外出のために着替えた妻が「どうかしら？」と夫に意見を求めています。「とてもすてきだと思う」と言う場合、どちらがより自然でしょうか。

a）Je trouve que tu es vraiment ravissante.

b）Je te trouve vraiment ravissante.

正解はb)の単文形式で、返事としてより自然です。

一般に、このような単文と複文の対応形式がある場合、単文のほうが、「思う内容」と動詞「思う」との密接な関係、一体感が感じられます。その結果、b)は「いま見て・聞いて思っている」という時間的な同時性が感じられ、感想を即座に率直に伝えているというニュアンスが出るのです。

他方、複文a)では、que節(従節)の「思う内容」と主節の「思う」行為との間に何らかの「距離」が感じられます。それが時間的なずれ(分離)を感じさせます。その結果、節の内容を独立して以前から存在していたこととし、そういう事実(君がすばらしいこと)を「いま発見した」(trouverの本来の意味)というやや冷めた印象を与えます。

そういうわけで、上記のような状況での答として、複文形式は最適とは言えないのです。同様のことは、程度の差はあれ、他の動詞にも言えます。

練習問題 14

A 日本語の意味に合うように、適切な動詞を選びましょう。

1. Il est sept heures. Je (ⓐ crois ⓑ pense) qu'elle est déjà partie.
 今7時だ。もう彼女は出発しただろう。

2. Je (ⓐ crois ⓑ pense) que tu es content avec ta famille.
 君はご家族と一緒でうれしいことと思います[根拠なく]。

3. J' (ⓐ ai l'impression ⓑ estime) qu'il a du génie.
 彼には才能があると思う[印象だ]。

4. Je (ⓐ juge ⓑ trouve) que ce logiciel est dangereux.
 このソフトは危険だと思う[体験はないが様々な情報から判断して]。

5. Je (ⓐ pense ⓑ trouve) que ce film est épouvantable.
 この映画はひどいと思う[見て感じた]。

6. Je (ⓐ considère ⓑ juge) que cette histoire n'est pas vraie.
 この話は本当ではないと考える[体験と熟慮の結果、独自の判断で]。

7. J' (ⓐ espère ⓑ imagine) que tout le monde aura une bonne note.
 皆いい成績を取ると思う[期待している]。

8. J' (ⓐ espère ⓑ imagine) que nous serons plus heureux au 22e siècle.
 22世紀にはもっと幸福だと思います[想像している]。

9. Je (ⓐ juge ⓑ suppose) qu'il réussira à l'examen.
 彼は試験に合格すると思う[推測している]。

10. Je (ⓐ pense ⓑ trouve) qu'il neigera tôt ou tard.
 私は遅かれ早かれ雪が降るだろうと思っている。

11. Le professeur a (ⓐ cru ⓑ jugé) ce travail remarquable.
 先生はこの仕事をすばらしいと思った[判断した]。

12. On me (ⓐ considère ⓑ pense) comme responsable.
 私は責任があると思われている。

13. Ses larmes étaient sincères, je (ⓐ crois ⓑ trouve).
 彼の涙は心からのものだった、きっと。

2 「みる」動詞

日本語「みる」をフランス語に訳す場合、voir, regarderの他、いろいろな可能性が考えられます。ここでは、fixer, examiner, consulter, s'occuper deなどと合わせて、それぞれの意味とニュアンスを見てみましょう。

regarder, voir

regarderとvoirは一見同じようですが、基本的にregarderは「意図して見る」「注視する」、voirは「光景として目に入ってくる」「見える」を意味しています（p.101「聞く」動詞も参照）。

Regardez bien (cette photo). （この写真を）よくご覧なさい。

On _voit_ bien (le Mont Fuji). （富士山が）よく見える。

Je ne _regarde_ pas. 私は見ない。

Je ne _vois_ pas. 私は見えない。

regarderは何か目的語があることを含意していますが、voirは目的語がない解釈が可能です。この違いは見る対象にも反映します。

regarder / voir + 名詞句（もの）

Je _regarde_ la télévision. 私はテレビを見る[見ている]。

Je _vois_ un film. 私は映画を見る。

テレビは画面にじっと見入るのでregarderを使いますが、映画は広いスクリーンの前に座れば映像が目に入ってくるからでしょうか、voirを用います。ただしこの場合、regarderは「じっと見続ける」という継続の解釈が可能ですが、voirでは「見る行為をする」という起動的な解釈が一般的です。

ビデオやDVDはテレビの画面などで見るのでregarderです。

Je _regarde_ souvent des vidéos et des DVD.
私はよくビデオやDVDを見ます。

したがって、映画もDVDで見るときは、regarderを使います。

Il préfère _regarder_ les films en DVD.
彼は映画をDVDで見るほうが好きだ。

このようにregarderは主体的、一方的に眺めます。

それぞれの意味は、実際に「見る」だけでなく、比喩的な意味に反映されます。以下にそれぞれの比喩的な用法を見てみましょう。

regarder + 名詞句

1) regarder + 人 「〜を見る」

空間的な表現を比喩的な解釈で用いた表現です。

Il *regarde* ses amis de haut. 彼は友だちを見下している(←上から見る)。

Elle le *regarde* de travers. 彼女は彼を横目(悪意・疑惑の目)で見ている。

先に見た空間的な表現も、比喩的に解釈できることがあります。

Il *regarde* toujours en avant. 彼は常に未来(←前方)に目を向けている。

2) regarder + 人・もの + comme + 名詞句 「(人)を〜とみなす」

この表現でもやはり見方は主体からの一方的なもので、ときに独断的です。

Ils me *regardent comme* un serviteur. 連中は私を召使だとみなしている。

On *regarde* sa victoire *comme* un miracle.
彼の勝利は奇跡だと思われている。

voir + 名詞句

1) voir + 人 「〜に会う」「〜を見かける」

voirはむしろ受動的で、光景が目に飛び込んでくる[見かける]か、会う人との互いのやりとり(一方的ではない相互関係)が感じられます。

Je vais *voir* un avocat. 私は弁護士に会う(相談する)つもりだ。

Allez *voir* le médecin. お医者さんに診てもらいなさい。

Elle ne le *voit* plus. 彼女はもう彼とは会って(つき合って)いない。

2) voir + こと 「〜を経験する・体験する」

ここでも非主体的、受動的な意味です。

Je n'*ai* jamais *vu* ça. こんなのは初めてだ(驚いた)。

Il *a* beaucoup *vu*. 彼は経験豊かだ。

en voir 「いろいろとつらい経験をする」

Pauvre Ève ! Elle *en a vu* dans sa vie.
かわいそうなエヴ！つらい人生だった。

主語(もの・こと) + voir / regarder

1) 主語(場所・時代) + voir + こと 「(場所・時代など)が〜を経験・体験する」

Notre pays *a vu* beaucoup de guerres. わが国は多くの戦争を経験した。

Cette décennie *a vu* une grave dépression.

この十年間に深刻な不況があった。

一方、regarderがものごとを主語にすると、意味合いが変わります。

2) 主語(こと) + regarder + 名詞句(人) 「〜が(人)と関わる」

Ça ne me [te / vous] *regarde* pas. それは私[君 / あなた]には関係ない。

Cette affaire nous *regarde* tous. その件は我々みんなに関係がある。

voirを使ったさまざまな表現

voirには「見る」「経験する」だけでなく「検討する」「わかる」「了解する」という意味合いもあります。

On verra (bien) 「今にわかる」「様子を見ればいずれわかるだろう」

Qu'est-ce qui est arrivé ?

– *On verra* (bien).

「どうしたのかな?」「今にわかるよ」

ただし、この言い方はちょっと突き放した感じがするので注意が必要です。

On va voir 「様子を見てみよう」「考えておきます」

Et comme dessert, monsieur ?

– *On va voir*. / On *verra* plus tard.

「デザートはどうなさいますか?」

「(食べながら)様子を見てみましょう / あとで考えます」

Et comme dessert ?

– On va voir.

Je vois (bien) 「(よく)わかります」「わかりました」 参照 英語のI see.

Elle est égoïste.　– *Je vois bien.*

「彼女はわがままだから」「よくわかります」

vous voyez / tu vois 「ほらね」「わかるでしょう」

挿入句です。文末でも可能です。 参照 英語のYou see?

***Tu vois*, ils l'ont tous terminé.** ほら、彼らは皆それを終えたよ。

C'est tout vu. 「それはもう決まったことだ」

くだけた表現です。

Voyons ! 「さあさあ」「まあまあ」

たしなめたり、なだめたりする表現です。

***Voyons* ! Explique ces situations d'abord.** さあ、まずこの状況を説明して。

Ne vous inquiétez pas, *voyons*. まあまあ、心配しないでください。

命令法 + voir 「〜してご覧なさい」「試してみなさい」

話し言葉です。命令の意味を強めます。動詞なら何でもいいというわけではないのですが、おもしろい表現です。

Dites *voir*. ちょっと言ってごらん。

Voyons *voir* ! どれどれ。何だって！

さまざまな「みる」動詞

voirとregarder以外にもさまざまな「みる」の表現があります。

fixer / considérer / contempler + 人・もの

「〜をじっと見る・見つめる」「観察する」

Il m'*a fixé* /*considéré* avec un air étonné.

彼は驚いた様子で私をじっと見た。

***contempler* une œuvre [un(des) tableau(x) / une vue / un paysage / le vaste horizon]**

作品[絵画 / 眺望 / 景色 / 広い地平線]に見入る

examiner + 人・もの

「検査・診察・観察する」「注意深くみる」

Le médecin *a examiné* un malade. 医師は患者を診た。

L'infirmière *a examiné* la température [le pouls] de ce malade.

看護師はその患者の体温[脈拍]をみた。 類義 prendre

Le prof *examine* des copies d'examen [les documents / le dossier].

先生は答案[書類 / 資料]を見ている。

Les enfants *examinent* le ciel.

子供たちは空を観ている。 類義 contempler, observer

***Examinons* le phénomène [le problème].**

その現象[問題]を考察しよう。 類義 étudier

consulter + 人・もの

1)「(本・辞書・資料・データなどを)見て調べる」「参照する」

類義 compulser, éplucher

***Consultez* un dictionnaire [un livre / un guide].**

辞書[本 / 案内書]を見なさい。

その他、le calendrier [son emploi du temps / les horaires](暦・予定[時間割 / 時刻表)、le baromètre(気圧計・晴雨計などのメーター類)、les offres d'emploi(求人広告)、les petites annonces(三行広告)、une base de données(データベース)、un site(サイト)なども目的語になります。最近、データベース、サイトにはavoir accès à, se connecter à、さらにサイトにはnaviguer sur, surfer surも用います。

2)「(医者などに)診てもらう」「(弁護士などに)面談する」「会って相談する」

類義 voir

Il te faut *consulter* un médecin. 君は医者に診てもらう必要がある。

Vous *consulterez* un avocat [spécialiste]. 弁護士[専門家]に相談しなさい。

jeter un (coup d') œil sur + 人・もの

lancer un regard sur [à] + 人・もの

「～をちらっと見る」「一瞥する」「～にさっと目を通す」 類義 parcourir

Il *a jeté un coup d'œil sur* un texte [son journal].

彼はテクスト[新聞]に目を通した。

Elle nous *a lancé un regard*. 彼女は私たちのほうをちらりと見た。

s'occuper de + 人・もの

「世話・面倒をみる」 類義 prendre soin de, surveiller

Il *s'occupe de* sa mère de cent ans. 彼は100歳の母の面倒を見ている。

Qui *s'occupe des* enfants ? 誰が子供を見るのですか？

その他、un blessé（けが人）、un malade（病人）、des bagages（荷物）などが目的語となります。

compter + 名詞句（時間・金額など）

「見ておく」「見込んでいる」

Il faut *compter* une heure pour y aller.

そこへ行くのに1時間は見ておくべきだ。

faire un rêve

「夢を見る」

夢は「見る」のではなく「作る」と表現します。×voir un rêveとは言いません。

Hier soir, il a *fait* un beau *rêve*. 昨晩、彼は楽しい夢を見た。

Chaque fois qu'il vient à Rolland Garros, McEnroe *fait* des *cauchemars*.

ロラン・ギャロスに来るたびに、マッケンローは悪夢を見る。（テニス番組より）

ロラン・ギャロスは全仏オープン・テニス大会の会場のある場所です。多くの国際大会で優勝したジョン・マッケンローでしたが、なぜかフランスではなかなか勝てなかったのです。

avoirを用いることもありますが、やはりfaireが一般的です。

Bonne nuit, *faites* de beaux *rêves* ! おやすみなさい、よい夢を見てください。

練習問題 15

A 日本語の意味に合うように、適切な動詞を選びましょう。

1. Ça me (ⓐ regarde　ⓑ voit) un peu.　それは私にちょっと関係がある。
2. Elle le (ⓐ regarde　ⓑ voit) souvent.　彼女はよく彼と会う。
3. Il le (ⓐ regarde　ⓑ voit) attentivement.　彼はそれを注意深く眺める。
4. J'ai (ⓐ regardé　ⓑ vu) hier un vieil ami.　ぼくは昨日旧友に出会った。
5. Je (ⓐ regarde　ⓑ vois) le panda comme un symbole de la Chine.
   私はパンダを中国の象徴とみている。
6. Ne riposte jamais ! – Je (ⓐ vais voir　ⓑ vois) .
   「口答えするな！」「はい、わかりました」
7. (ⓐ Regardez　ⓑ Voyez) voir !　見てごらんなさい！
8. Tu as déjà (ⓐ regardé　ⓑ vu) ce paysage ?
   あなたはこの景色を見たことがある？
9. Vous (ⓐ regardez　ⓑ voyez) , elle pense quitter le pays.
   ほら、彼女は国を出るつもりですよ。
10. (ⓐ Comptez　ⓑ Contemplez) mille euros pour le voyage.
    旅費に1000ユーロ見ておきなさい。
11. Elle a pris congé pour (ⓐ consulter　ⓑ s'occuper de) ce malade.
    彼女はその病人をみるために休みを取った。
12. Elle m'a (ⓐ fixé　ⓑ jeté un œil) sans rien dire.
    彼女は何も言わずに私をじろじろと見た。
13. Il a (ⓐ consulté　ⓑ jeté un coup d'œil sur) le dossier.
    彼はその資料にざっと目を通した。
14. Il (ⓐ consulte　ⓑ examine) les offres d'emploi tous les jours.
    彼は求人広告を毎日見る。
15. Je suis resté longtemps à (ⓐ compter　ⓑ contempler) ce paysage exceptionnel.　長い間このすばらしい景色に見入っていた。
16. On m'a (ⓐ consulté　ⓑ examiné) la plaie.　傷を見られた[調べられた]。
17. Vous avez (ⓐ fait　ⓑ vu) de beaux rêves ?　いい夢を見ましたか？

3 「きく」動詞

「みる」の次は「きく」です。「きく」にもいろいろな可能性が考えられます。ここでは、「聞く」「聴く」などのほか、「訊く」「尋ねる」といった動詞まで考えてみたいと思います。

écouter, entendre

「みる」で紹介したregarderとvoirの違いと同様のことが言えます。écouterは「意図して聞く・聴く」「傾聴する」、entendreは「耳に入ってくる」「聞こえる」がその基本的な意味となっています。したがって、écouterは意志が感じられ、entendreはそれが感じられません。そのため同じような文でもその意味やニュアンスには違いが出てきます。

主語(人) + écouter / entendre

Écoute(z). ねえ(聞いて)。 ＊呼びかけの言葉 比較 Dis, Dites (p.107)

Écoute(z) bien. よく聞いて(ください)。

命令形のこの言い方はentendreでは意味不明になるためできません。

Je n'*écoute* pas. 僕は聞かない・聞かないようにする・聞きたくない。

Je n'*entends* pas. 僕は聞こえない・聞くことができない。

écouterは行為性が強く、entendreは状態性が強く感じられます。

×**J'*écoute* bien.** ×しっかり聞きます・聞いています。

J'*entends* bien. よく聞こえます。

そのためécouterは程度表現との相性がよくありません。

×**J'*écoute* très bien / (très) mal.** ×(とても)よく聞きます / 聞きません。

J'*entends* (très) bien / mal. (とても)よく聞こえます / 聞こえません。

écouter / entendre + 名詞句(人・もの・音)

「～を聞く」「～が聞こえる」

1) écouterはその基本的な意味から、行為の主体性が強く、常に対象(目的語)があることを含意しています。上の例でも省略の印象があります。

Je vous *écoute*. 聞いています(どうぞ話をお続けください)。

Elle *écoute* de la musique. 彼女は音楽を聴いている。 ＊de laは部分冠詞

Il *écoute* la radio. 彼はラジオを聞いている。

2) entendreは主体性が弱く、先に見たように対象がないことも可能です。対象がある場合は自然に入ってくる音が一般的です。

On *entend* le rossignol [la cloche]. ウグイスの声[鐘の音]が聞こえる。

J'*ai entendu* un cri. 叫び声が聞こえた。

entendreは「聞こえ始める・始めた」というニュアンスも感じられます。また「聞こえ方」を表す様態の副詞とよく一緒に用いられます。

On l'*entend* clairement［confusément / distinctement / nettement / vaguement］.

それが明瞭に[雑然と / 判然と / はっきり / ぼんやり] 聞こえる。

このような違いが次の文のpeuの解釈にも影響を与えます。

Je l'*écoute* peu. それはほとんど聞かない。 ＊頻度の意味

Je l'*entends* peu. それはめったに聞こえない(かすかにしか聞こえない)。

écouter / entendre + 不定詞 + 名詞句

「…が〜するのを聞く」「〜が聞こえる」

知覚動詞(regarder, voirなども)に共通する不定詞構文です。名詞句が不定詞の主語になっています。〈名詞句＋不定詞〉の語順も可能です。

J'*écoutais* la pluie tomber. 雨が降る音を聞いていた。

J'*ai entendu* sonner la cloche. 鐘の鳴るのが聞こえた。

J'*écoutais* / J'*entendais* mon frère jouer de la guitare.

兄がギターを弾くのを聴いていた / が聞こえていた。

意味の違いは残るため、次のような表現はentendreのみで可能です。

entendre parler de + 名詞句

「〜の噂を聞く」「〜について話すのを聞く」「耳にする」

伝聞を示す熟語表現です。

J'*ai entendu parler de* cet accident. その事故についての噂を聞いた。

Vous connaissez la démission du premier ministre ?

–J'*en ai entendu parler*.

「首相が辞職したことを知っていますか？」「その噂は聞いています」

entendre dire que + 直説法

「～という話・噂だ」「～と言っているのを聞く」

同じく伝聞を示す熟語表現です。

J'*entends dire qu'*il est tombé et s'est cassé la jambe au ski.

彼はスキーで転んで足を折ったと聞いている。

J'*ai entendu dire* à un étudiant *que* Michel a quitté l'université.

ある学生の話では、ミシェルは大学をやめたと聞いた。

また、entendreには「了解する」という意味もあります。

Entendu ! **「了解しました」 了解・引き受け**

Postez cette lettre, s'il vous plaît.

– *Entendu !*

「この手紙を投函してください」「了解しました」

Bien entendu ! **「もちろんです」 肯定** 類義 Absolument !, Bien sûr !

Vous êtes content de cela ?

– *Bien entendu !*

「これで満足ですか？」「もちろんです！」

さまざまな「きく」動詞

「聞く」「訊く」は「尋ねる」ことでもあります。代表はdemanderです。その他、interroger, questionner, s'informerなども考えられます。

demander + 名詞句（もの） + à + 人

「（人に）～を聞く［尋ねる］」

***Demandez à* la réception.** 受付で聞いてください。

demander son chemin ［l'heure］ **「道［時間］を尋ねる」**

On va lui *demander le chemin* de la gare. 彼に駅までの道を聞いてみよう。

demander si / 疑問詞

「～かどうか / 何・どこ・いつか聞く・尋ねる」

間接疑問文です。疑問詞はce qui ［ce que / quand / où / pourquoi］など。

***Demande-lui s'*il est disponible.**

彼の手が空いているか聞いてごらん。

On m'*a demandé ce qui* était le plus important.

皆は私に何が最重要か聞いた。

poser une question à + 人

「質問する」

英語ではask a questionですが、フランス語では×demander une questionとは言いません。

Je voudrais vous *poser une question*.

質問したいのですが。

J'ai *une question à* vous *poser*.

（するべき）質問があります。

比較 poser un problème : 問題を引き起こす。

一見すると似ているようですが、少し異なります。

interroger / questionner + 人 + sur + 名詞句（人・ものごと）

「（人に）～について質問する・問いただす」

On m'*a interrogé sur* ma naissance.

私は出生について聞かれた。

Je l'*ai questionné sur* son livre.

私は彼の書いた本のことで彼に質問した。

C'est le professeur qui va vous *interroger* à l'épreuve orale.

口頭試験であなたがたに質問するのは先生です。

interrogerは「（警察官などが被疑者などを）尋問する」の意味もあります。

La police *a interrogé* les trois suspects sur le vol commis à la banque.

警察は銀行強盗の件で3人の容疑者を尋問した。

s'informer de [sur] + 名詞句（ものごと）(+ auprès de 人)

「（人に・…のところで）～について聞く・問い合わせる・情報を集める」

On *s'informe auprès* d'une agence *sur* le prix du billet d'avion.

飛行機の切符の値段を代理店に聞く（問い合わせる）。

s'informer si / 疑問詞

「〜かどうか / 何・どこ・いつか聞く・情報を集める」

間接疑問文です。 比較 demander + 間接疑問

***Informez-vous s'*il y des restaurants dans ce quartier.**

このあたりにレストランがあるか聞いてみなさい。

consulter + 人

「(人に)聞く・相談する」 参照 p.98「みる」

Il *a consulté* un avocat [spécialiste] sur ce sujet.

彼はその件について弁護士[専門家]に聞いた(相談した)。

obéir à + 人・もの

「(〜の言うことを)聞く・受け入れる」「〜に従う」

類義 accepter + もの

対義 désobéir à + 人・もの : 〜の言うことを聞かない

***Obéissez à* vos parents [à votre supérieur / aux autorités] .**

両親[上司/当局]の言うことを聞きなさい。

Ce chien ne *m'obéit* absolument pas.

この犬は全く私の言うことを聞かない。

suivre / écouter le(s) conseil(s) (de + 人)

「(〜の言うこと・忠告を)聞く・受け入れる」

Il *a suivi* [*a écouté*] *les conseils de* son ami.

彼は友だちの忠告を聞いた。

練習問題 16

A 日本語の意味に合うように、適切な語を選びましょう。

1. Il entend (ⓐ dire ⓑ parler) que son père vit en Mongolie.
   彼は父親がモンゴルで暮らしているという噂を聞いている。
2. Je ne vous (ⓐ écoute ⓑ entends) pas. Je ne le veux pas.
   あなたの言うことを聞く気はない。
3. Je n' (ⓐ écoute ⓑ entends) jamais parler d'elle ces derniers jours.
   最近, 彼女に関する話を全然聞かない。
4. Vous m' (ⓐ écoutez ⓑ entendez) bien ? 私の声はよく聞こえますか？
5. Tu sais nager ? – (ⓐ Bien entendu ⓑ Entendu) !
   「泳げますか？」「もちろんです！」
6. Vous pouvez m'apporter une carafe d'eau ?
   – (ⓐ Bien entendu ⓑ Entendu) !
   「水をカラフでいただけますか？」「承知しました！」
7. Il m'a (ⓐ demandé ⓑ interrogé) si j'étais libre le lendemain.
   彼は私に翌日暇かどうか聞いた。
8. Il me (ⓐ demande ⓑ pose) toujours la même question.
   彼は私にいつも同じ質問をする。
9. Ils l'ont (ⓐ demandé ⓑ interrogé) sur sa famille.
   連中は彼に家族のことを聞いた。
10. Ils lui ont (ⓐ demandé ⓑ questionné) l'heure.
    彼らは彼に時間を聞いた。

B 日本語に訳しましょう。

1. Elle entend rarement parler de son fils qui travaille en Afrique.
2. Je vais prendre un kir comme apéritif. − Entendu Monsieur !
3. Je peux entrer ? − Bien entendu !
4. Ils obéissent facilement aux autorités.
5. Je me suis informé de l'environnement de ce quartier.

4「言う・話す」動詞

言葉を発する行為も生活の中で基本的な行為です。動詞もいろいろです。ここではdire, parler, raconter, discuter, causer, bavarderを中心にみましょう。

dire

direは具体的な発言内容を目的語にして「何かを言う」行為を表します。

例えば

Dis. [***Dites.***] ねぇ。

は呼びかけの言葉と言われますが、とくに何か言ってほしいときに使います。

比較 Écoute(z). : ねぇ（聞いて）(p.101参照)

dire + 名詞(発言内容)

dire oui / dire non

「はいと言う」「肯定する」/「いいえと言う」「否定する」

その言葉を実際に言っているとは限りません。

Il *dit oui* de la tête. 彼はうなずく。

Il *dit non* de la tête. 彼は首を横にふる。

Elle *ne dit ni oui ni non*. 彼女は肯定も否定もしない。

ne dire ni oui ni nonは欧米では「無知」ととられかねません。他方、日本では肯定ととられるかもしれません(これはこれで危険ですが)。しかしながら« Oui et non. »はフランス人の好む返事のひとつです。ただしあとに« Oui, parce que... / Non, parce que... »と理由を説明します。

Je *ne dis pas non*. 喜んで(強い肯定・受け入れ)。 ＊話し言葉

「nonとは言わない」どころか、むしろ二重否定を用いた強調表現です。

dire bonjour [au revoir]

「こんにちは[さようなら]と言う」「挨拶をする」

Il *a dit bonjour* à Monsieur Dupont. 彼はデュポンさんに挨拶をした。

***Dis*-lui *au revoir*.** 彼にお別れをしなさい。

direは言ったことをそのまま伝えるのに最もよく用いられる動詞です。

On dit que ...

「～だそうだ」

伝聞を表す間接話法です。

***On dit qu'*il va pleuvoir.** 雨が降るそうだ。

***Ils* disent* à la télé *qu'*il a fait 40 degrés aujourd'hui.**

テレビで今日は40度になったと言っている。

＊このilsは漠然と組織の責任者を示しています。

dire que + 接続法

Elle *dit que* je fasse tout mon possible. 彼女は私に最善を尽くせと言う。

間接命令文です。伝達内容は命令や示唆を表します。ただし、同じことをふつうは次のように不定詞構文で表します。

dire de + 不定詞

比較 parler de

Elle me *dit de* faire tout mon possible. 彼女は私に最善を尽くせと言う。

Il nous *a dit de* parler en français. 彼は私たちにフランス語で話せと言った。

comment dire / comment dirais-je

「えーと、何と言ったらいいか」

言いよどみの表現です。comment dirais-jeのほうがあらたまった感じです。

Vous êtes, *comment dire*, un peu drôle.

あなたって、なんと言うか、ちょっとおかしいですね。

C'est, *comment dirais-je*, quelqu'un de mystérieux...

この人は、何と言ったらいいのでしょうか、謎めいた人で…。

「言う」という意味から比喩的な意味が派生します。

Dire que + 直説法

（感嘆文）

「～だとは！」「～だなんて！」（←～と言うこと！） **驚き・憤慨**

***Dire qu'*elle a déjà 20 ans !** 彼女がもう20歳だなんて！

***Dire qu'*il n'y a personne à cette saison !** この季節に誰もいないなんて！

Que dites-vous de ... ?

1)「～（することを）どう思いますか」　感想・意見

Que dites-vous de **cette exposition ?**　この展覧会についてどう思いますか？

Qu'en dites-vous **?**　それについてどう思いますか？

2)「～（するのは）どうですか」　勧誘・提案

*Que dis-tu d'***aller au cinéma ?**　映画に行くというのはどう？

条件法にすればより丁寧になります。

*Que diriez-vous d'***aller au cinéma ?**　映画に行くというのはどうでしょうか？

ça dit à + 人 + 名詞句（こと）

「思い出させる」「気持ちに訴える」

Ça me dit **quelque chose.**　それに何か覚えがある（←私に何か思い出させる）。

Ça **ne** *me dit* **rien.**　それには何も覚えがない（興味が湧かない）。

vouloir dire ... / que + 直説法

「～を意味・意図する」「～を表す」

Qu'est-ce que ça *veut dire* **?**　それはどういう意味ですか？（←何を言いたいか）

Je *voulais dire que* **vous aviez bien fait.**

私の言いたかったのはあなたがよくやったということです。

on dirait (de) + 名詞句 / que + 直説法

「まるで～のようだ」「～のようにに見える」　たとえ

direの条件法です。

On dirait **le paradis [l'enfer].**　まるで天国[地獄]だ。

*On dirait qu'***on est revenu aux temps primitifs.**

まるで原始時代に来たようだ。

On aurait dit ... と条件法過去形にすると「まるで～のようだった」と過去を表します。

se dire

1)「思う」「考える」（←自分自身に言う）

Je *me suis dit* **que c'était un piège.**　それはワナだと私は思った。

2)「言われる」　受身

Ça peut *se dire.*　それは言える。

parler

dire が具体的に「何かを言う」のに対し、parler は「話す行為」を意味するといえます。したがって « Il dit oui. » に対し « ×Il parle oui. » とは言いません。

一方、副詞(句)との組み合わせで、いろいろな話し方ができます。

parler + 副詞(句 / 表現)

parler bien / parler beaucoup 「じょうずに話す」/「たくさん話す」

Ce commentateur *parle* bien. この解説者(キャスター)は話がじょうずだ。

Ce chauffeur de taxi *parle* beaucoup. このタクシー運転手はおしゃべりだ。

parler fort 「大声で話す」

***Parlez* plus [moins] *fort* !** もっと大声で[小声で]話しなさい。

Parle faiblement ! 内緒で、気づかれないように話して。×Parle faible !

parler tout haut / parler à voix haute 「大声で話す」

parler tout bas / parler à voix basse 「小声で話す」

parler à haute voix 「声に出して」

à basse voix はあまり使いません。

parler vite 「早口で話す」

フランス人は他の国の人に比べて早口だと言われます。よく講演者が話の途中で次のように尋ねます。

Est-ce que je *parle* trop *vite* ? (私の)しゃべるのは早過ぎますか？

parler lentement 「ゆっくりと話す」

***Parlez* plus *lentement* [*moins vite*].** もっとゆっくり話してください。

その他、**parler avec violence**(激しい口調で話す)、**parler en public**(人前で話す)、**parler en français**(フランス語で話す)など。

parler + 前置詞 + 名詞句

1) parler + à + 人 「〜と話をする」

Je voudrais *parler à* Pierre, s'il vous plaît. ピエールと話がしたいのですが。

電話で取継ぎを頼むときの言い方です。à の代りに avec でも言えます。

2) parler de + 名詞句(話題) 「〜について話す」「〜を話題にする」

***De* quoi [qui] *parlez*-vous ?** 何[誰]のことを話しているのですか？

Nous *parlons de* l'éducation [de toi]. 教育[君]のことを話しています。

N'*en *parlons* plus.** もうその話はよしましょう。 * en = de cela

3) parler de + 無冠詞名詞 「〜という語を口にする」「〜を話題にする」

名詞は発言された語そのものであることを示しています。しかし時に話題となることもあります。

Ces jours-ci, on *parle* souvent d'« auto-responsabilité ».

この頃、皆よく「自己責任」という言葉を口にする。

冠詞をつけてde *l'*auto-responsabilitéなら「自己責任について語る」です。

parler + 名詞

1) parler + 名詞(言語名)

parler français 「フランス語を話す」

Vous *parlez* très bien français. フランス語がとてもお上手ですね。

×dire françaisとは言いません。通常は無冠詞ですが、parlerのあとに副詞を置いたり、「言語」を強調したりするときは定冠詞leをつけることもあります。

Il *parle* couramment (le) swahili. 彼はスワヒリ語がぺらぺらだ。

言語に形容詞がつくときは不定冠詞が必要です。

Permettez-moi de *parler* un mauvais français.

下手なフランス語を話すのをお許しください。

2) parler + 名詞(分野)

parler tennis 「テニスについて語る」「テニス談義をする」

分野などを表す無冠詞名詞を目的語にして「〜について語る」という意味になります。

parler politique [mode / hommes / sports / affaires]

政治[ファッション / 男性 / スポーツ / ビジネス]について語る。

discuter (de) politique「政治談義をする」という言い方もあります。

Tu parles ! / Vous parlez !

「まさか！」「とんでもない！」「よく言うよ！」 驚き・否認

C'est un peintre génial ? *Tu parles !* これが天才画家だって？とんでもない！

***Vous parlez* d'un génie !** 天才だって言うのですか？変な天才ですね！

さらに次のような変な表現があります。

Tu parles, Charles ! よく言うよ！

人名のCharlesは何の意味もありません。単なる語呂合わせでparlesと韻を踏んでいます。 参考 À la tienne, Etienne. : 君の健康に乾杯！

raconter

出来事や物語を「(長々と)話して聞かせる」「物語る」ことを意味します。

raconter + 名詞句

Elle aime *raconter* sa vie. 彼女は身の上話をするのが好きだ。

目的語にはses affaires(仕事)、ses aventures(冒険)のように所有形容詞がしばしばつきます。

raconter sa vieには「身の上話をする」ほかに「長々とむだ話をする」という意味もあります。「長く語る」ところにraconterの特徴があります。

Cette histoire est longue à *raconter*.

この話は話せば長くなります(←話すのに時間がかかる)。

伝達文でも使えますが、やはり物語が感じられます。

On m'*a raconté* que vous n'avez pas passé l'examen, est-ce vrai ?

試験を受けなかったということを聞いたのですが、本当ですか？

raconter des histoires 「でたらめなことを言う」「嘘八百を並べ立てる」

何か不信感が感じられることがあるのは日本語の「語る」と似ています。

dire, parler, raconterの使い分け

発言内容をそのまま引用する伝達表現はdireが一般的です。

Il *dit* : « Je vais bien ». / « Je vais bien », dit-il. / Il dit qu'il va bien.

「僕は元気です」と彼は言う。

これはparlerではできません。

×**Il parle : « Je vais bien ».** / ×**« Je vais bien », parle-t-il. /**

×**Il parle qu'il va bien.**

比較 .., explique-t-il. なら言えます。

raconterでは可能です。

Il *raconte* : « Je vais bien ». / « Je vais bien », *raconte*-t-il. /

Il *raconte* qu'il va bien.

parler / dire / ˣraconter de + 不定詞

parlerとdireでは可能ですが、意味が異なります。

1) parler de＋不定詞 「～するつもりだと話す」

Il *parle de* faire un voyage en Antarctique.

彼は南極に旅行すると話している。

2) dire de＋不定詞 「～するように言う・命じる・勧める」

Il me *dit de* faire un voyage en Antarctique.

彼は私に南極に旅行するように言う。

〈ˣraconter de ＋不定詞〉は言えません。

discuter

「議論する」「話し合う」ことです。「相手」と「反論」が意識されています。

Ne *discutez* pas ! つべこべ言うな！

discuter avec＋人＋ de ＋名詞句（こと）

「（人）と～について議論する・話し合う」

J'*ai discuté avec* mes amis des endroits que nous visiterons pendant notre voyage.

僕は友だちと旅行中に訪れる場所について話し合った。

On *en discutera* demain. そのことは明日話し合おう。

deの代わりにsur, à propos de, au sujet deも可能です。

En classe, on *a discuté sur* le problème de l'écologie.

クラスでエコロジーの問題について話し合った。

discuter (de) + 名詞（話題）

「～の話をする」「おしゃべりする」

deの省略はparlerとの類推です。名詞は無冠詞となります。

Ils n'arrêtent pas de *discuter* (de) politique.

彼らは政治談議をやめない。

J'aime *discuter* (de) sports avec des camarades.

僕は仲間とスポーツについておしゃべりするのが好きだ。

discuter + 名詞句(議題・問題 / 命令・意見)

1)「(議題・問題を)討議する・審議する」

Les ministres *discutent* le problème du statut des immigrés.

内閣は移民の地位の問題を審議している。

2)「(命令・意見に)異議を唱える・問題視する」

Elle *discute* ma façon de vivre.

彼女は私の生き方に異議を唱えている。

causer, bavarder

causer (avec [à] +人) + (de) +名詞(句)(話題)

「おしゃべりをする」

「人と〜について」という意識があります。

Je *cause* souvent de foot *avec* mes amis.

友だちとよくサッカーの話をする。

Il m'*a causé de* cette affaire.

彼は私にその事件のことを話した。

causer politique「政治談議をする」なども可能です。

bavarder (avec +人)

「おしゃべりする」「雑談する」「とりとめのない話をする」

おしゃべりの行為そのものに重点があります。くだけた表現です。

On ferait mieux de sortir pour *bavarder*.

外へ出てしゃべるほうがいい。

Quand vous aurez fini de *bavarder* !

もうおしゃべりするのはやめたらどうだ!

On s'en va *bavarder* ensemble ?

一緒におしゃべりしにいかない?

練習問題 17

A 日本語の意味に合うように、適切な語を選びましょう。

1. (ⓐ Dire ⓑ Parler) que tu as fait cette thèse en un an !
   君が1年でこの論文を書くなんて！
2. (ⓐ Dis ⓑ Parles) merci à ce monsieur. この方にお礼を言いなさい。
3. Elle (ⓐ parle ⓑ raconte) son enfance. 彼女は子供のころのことを話している。
4. Elle ne fait que (ⓐ bavarder ⓑ causer). 彼女はおしゃべりばかりしている。
5. Ici, on (ⓐ dirait ⓑ parlerait) Ginza. ここはまるで銀座のようだ。
6. Il dit que je (ⓐ prend ⓑ prenne) mon parapluie.
   彼は私に傘を持っていけと言う。
7. Il a (ⓐ dit ⓑ parlé) d'aller en France apprendre le français.
   彼はフランスに行ってフランス語を勉強するのだと言った。
8. On m'a (ⓐ dit ⓑ parlé) d'aller en France apprendre le français.
   私はフランスに行ってフランス語を勉強しろと言われた。
9. On parle (ⓐ de ⓑ du) rapport qualité prix ces jours-ci.
   このごろコスト・パフォーマンスという言葉がよく言われる。
10. La classe a (ⓐ causé ⓑ discuté) le problème des brimades.
    クラスはいじめ問題について議論した。
11. Ça veut (ⓐ dire ⓑ parler) quoi ? 何が言いたいのか？
12. Vous (ⓐ dites ⓑ parlez) de quoi ? 何の話をしているですのか？

B 日本語に訳しましょう。

1. Ça te dit quelque chose ?
2. Certains parlent affaires, d'autres parlent sports, et d'autres parlent mode.
3. Nous avons discuté de l'augmentation de son salaire.
4. « Stationnement gênant » veut dire qu'on ne peut pas stationner ici.
5. Que dirais-tu de prendre un verre ?

5 「知っている・できる」動詞

知識や能力を表す動詞には、savoir, connaître, pouvoir などがあります。これらの意味と用法を見てみましょう。

savoir, connaître

「知識がある」「知っている」ことを表す動詞です。

connaître / savoir + 名詞句（もの・こと）

「（〜を）知っている」　知識

どちらの動詞も名詞句（もの・こと）を目的語とすることができます。

Je *connais* / *sais* la nouvelle.　そのニュースは知っている。

Il *connaît* /*sait* bien le russe.　ロシア語をよく知っている。

Il *sait* /*connaît* son texte par cœur.　彼はテクストを空で覚えている。

Elle *sait* / *connaît* l'orthographe [la musique].
彼女はつづり[音楽]を知っている。

Il ne *connaît* / *sait* pas grand-chose.　彼はたいしたことを知らない。

connaître / ×savoir + 人

「（人を）知っている」

人間を目的語とする場合はconnaîtreのほうがふつうです。

Je *connais* / ×*sais* un ami de Julien.　ジュリアンの友人を知っている。

On ne *connaît* pas les villageois.　村人のことはよく知られていない。

ときには次のような例もありますが目的語の人の輪郭がやや抽象的です。

Je *sais* un homme qui pourra vous renseigner.
あなたに教えることのできる人を知っている。

文語ではsavoirがconnaîtreの代わりに用いられることがあります。

Je *connais* / *sais* un pays où il fait bon vivre.
住み心地のよい国を知っている。

savoir / ×connaître + 不定詞

connaître は不定法を従えることができませんが、savoir はできます。

Elle *sait* parler. 彼女は話し方を知っている。

Il ne *sait* / ×*connaît* pas jouer du piano. 彼はピアノを弾くことができない。

savoir / ×connaître + 節

que 節や間接疑問節を従えることができるのも savoir だけです。

Tout le monde *sait qu'*il faudra répondre à la question.

皆、その質問に答えなければならないことを知っている。

On *sait que* c'est vous-même qui avez tapé.

たたいたのはあなた自身だということを皆知っている。

Je ne *sais* pas *s'*il faut continuer, je ne *sais* pas non plus quand il faut s'arrêter.

私は続けなければいけないのかも、いつやめるべきなのかも知らない。

目的節は中性代名詞で受けます。

Tu *sais que* Pierre est malade ?

– Oui, je le *sais*.

「ピエールが病気なのを知ってますか？」「はい、知ってます」

savoir / ×connaître ＋名詞句 ＋ 属詞

やや文語的ですが、次のような単文形の言い換えが可能です。

Je vous sais capable de le faire.

（= **Je sais que vous êtes capable de le faire.**）

私はあなたがそれをすることができることを知っています。

connaître ではこのような複文の構造は考えられないので、後ろの形容詞は目的語の修飾語（付加形容詞）になります。したがって、次のような例では、ニュアンスの違いが生じます。

Je ne la *savais* pas si riche.（= **je ne *savais* pas qu'elle était si riche**）**.**

彼女が当時それほど裕福だったと私は知らなかった。

Je ne la *connaissais* pas si riche.

（= **quand je l'*ai connue*, elle n'était pas si riche**）**.**

当時の私は、それほど裕福な彼女は（まだ）知らなかった。

（＝知り合った時、彼女はそれほど裕福ではなかった）

以上のことをふまえて、次のように言うことができます。

connaîtreは、ものごとの名前など、**表面的、具体的な側面の知識をもっている**ことを表します(その知識は経験によって知っているものです)。

savoirは、ものごとのしくみや方法・内容など、**内面的、抽象的な側面の知識をもっている**ことを表します(その知識は教育や習いごとによって得られたものです)。

したがって、p.116に挙げた一見似た例文も、connaîtreとsavoirでは次のようなニュアンスの違いがあると考えられます。

Je *connais* la nouvelle. そのニュース(のこと)は知っている。

Je *sais* la nouvelle. そのニュースの内容を知っている(把握している)。

Il *connaît* bien le russe. ロシア語をよく知っている(知識をもっている)。

Il *sait* bien le russe. ロシア語がよくできる(技能を身につけている)。

以上のことを表にまとめておきましょう。

savoirとconnaître の比較

	connaître	**savoir**
＋名詞句(人)	○**Je *connais* Julien.**	×**Je *sais* Julien** 人は目的語にできない。
＋名詞句(もの)	○**Je connais la ville de Nantes.** ○**Il connaît bien le russe.** 具体的な知識について言う。	○**Je *sais* la vérité.** ○**Il *sait* le russe.** 内容、運用能力について言う。
＋不定法	×**Je *connais* nager.** 不定法を従えることができない。	○**Je *sais* nager.** 学習・訓練により技能を習得している。
＋節 (接続詞＋文)	×**Je *connais* qu'il est malade.** 節を従えることができない。	○**Je *sais* qu'il est malade.** ○**Tu *sais* comment faire ?**
目的補語代名詞	○**Je la *connais*.** 人称代名詞のみ可能。	○**Je le *sais*.**(中性代名詞) ○**Je la *sais* capable de le faire.** 人称代名詞は動詞のあとに形容詞が続くとき可能。

savoir, pouvoir

「知識や能力がある」ことを表す動詞です。

savoir / pouvoir + 不定詞

「～することができる」

Je *sais* nager. 私は泳げる。

Je *peux* nager. 私は泳げる。

一見同じ意味に見えますが、同じではありません。savoirはすでに見たように、習ったことによって技能をもっていることを表します。

Je *sais* jouer du piano. 私はピアノが弾ける。

Il *sait* conduire. 彼は運転ができる。

pouvoirは「可能性がある」「許可されている」「能力がある」などを表します。

Elle a plus de cent ans. Elle ne *peut* plus danser.
彼女は100歳を越えているので、もう踊れない[踊ってはいけない]。

Il est jeune ; il *peut* danser jusqu'au matin.
彼は若いから朝まで踊れる。

したがって、冒頭の例文は次のような違いがあります。

Je sais nager. 私は泳ぎ方を知っている。

Je peux nager. 私は泳ぐことができる状況にある。

同様に次の文もニュアンスが違います。

Je n'*ai* pas *su* lui parler. (能力が足りず)彼と話せなかった。

Je n'*ai* pas *pu* lui parler. (状況に邪魔され)彼と話せなかった。

しかし、区別が明瞭でないこともあります。

Elle *sait* / *peut* jouer de la guitare. 彼女はギターが弾ける。

Il *sait* / *peut* parler russe. 彼はロシア語が話せる。

強いて言えば、この場合、savoirのほうは学習の結果できるということであり、pouvoirのほうは単に能力があるということです。

Pouvez-vous + 不定詞

「～してくれませんか？」(←～できますか？)

依頼を表す敬意表現です。« Tu peux ? » « Vous pouvez ? » « Peux-tu ? » «Pourriez-vous ? » « Pourrais-tu ? » なども可能です。単純形→倒置形→条件法

の順に敬意度が上がります。この表現はsavoirではできません。

***Pourriez*-vous m'aider ?** 手伝ってくださいませんか？

je le peux

「できます」

不定法は、目的語中性代名詞で受けることができます。

Tu *peux* faire cela ?

– Oui, *je le peux*.

「それをすることができる？（してくれる？）」「うん、できる」

savoirは不定法は受けられませんが、すでに見たように名詞句や節(文)を受けることがあります。

je saurais = je pourrais

文語では、条件法にするとほぼ同じ意味になります。

Tu *pourrais* / *saurais* faire fonctionner cet appareil ?

この器械・カメラを動かせるかな？

まぎらわしい表現

ne savoir que +不定詞

「何を～したらいいかわからない」

ちょっとわかりにくい、とても気取った表現です。queは疑問詞です。ne ... que(～しかない)ではありません。

C'est un fin gourmet, je *ne sais que* lui *servir*.

かなりの食通だから、私は彼に何を出してよいのか分からない。

Je *ne sais que* voir comme film.

映画は何を見たらよいのか私には分からない。

ne savoir que faire

「何を(どう)したらいいかわからない」

ne savoir quoi faireの形もあります。

Devant un accident, Bernard *ne savait que faire*.

事故を前にしてベルナールはどうしていいのかわからなかった。

練習問題 18

A 日本語の意味に合うように、適切な動詞を選びましょう。

1. Je (ⓐ connais　ⓑ sais) les gens de ce village　その村の人々を知っている。
2. Je (ⓐ connais　ⓑ sais) me servir de cette machine.　私はこの機械が使える。
3. Dieu (ⓐ connaît　ⓑ sait) si on l'a fait exprès.
   そんなことをわざとされたのかどうかは誰もわからない。
4. Il y a Jeanne qui a eu un accident de voiture.
   – Je ne le (ⓐ connaissais　ⓑ savais) pas.
   「ジャンヌが交通事故に遭ったって」「知らなかったよ」
5. Il y a une certaine Joanna dans ta classe ?
   – Oui, mais je ne la (ⓐ connais　ⓑ sais) pas bien.
   「君のクラスにジョアンナっていう子いる？」「うん、でもよく知らないけど」
6. Cette machine est très compliquée. Je ne (ⓐ peux　ⓑ sais) pas la manipuler.
   この機械は複雑で、操作ができない。
7. Tu (ⓐ connais　ⓑ sais) Marie folle de rap ?
   マリがラップにハマってるの知ってる？
8. Tu viendras chez moi ce soir ? – Je ne le (ⓐ peux　ⓑ sais) pas.
   「今晩うちに来てくれない？」「無理だ」
9. Son père ne (ⓐ peut　ⓑ sait) que lui donner.
   彼の父親は彼に何を与えたらよいのかわからない。
10. Vous (ⓐ connaissez　ⓑ savez) par hasard où se trouve le zoo ?
    ひょっとして動物園がどこだかご存知でしょうか？

B 日本語に訳しましょう。

1. Il ne sait pas très bien ce qu'elle veut faire.
2. On entend un cri et je ne sais que faire.
3. Pouvez-vous me donner un renseignement ?
4. Tu sais comment dire dans ce cas-là ?
5. Vous connaissez son adresse mail ?

6 「学ぶ・習う」動詞

「学ぶ」「習う」という言い方を見てみましょう。一般に、apprendreは「人に教わって習う」「覚える」、étudierは「調べて知識を得る」「研究する」という意味合いが強くなります。travaillerは「働く」「仕事をする」ということから「作業をする」「練習をする」「勉強する」という意味になります。

したがって漠然と(対象なしに)「勉強する」のは、ふつうtravaillerを使います。

travailler, apprendre, étudier

travailler bien 「よく勉強する・働く」

Le dimanche, je *travaille* à la bibliothèque.

– *Travaille bien*.

「日曜は図書館で勉強しています」「しっかりやってね」

では「フランス語を勉強する」というときはどうでしょう。

apprendre le français 「フランス語を習う」

J'*apprends le français* depuis avril.

4月からフランス語を習っている。

étudier le français 「フランス語を学ぶ・研究する」

J'*étudie le français* depuis 20 ans.

20年来フランス語を勉強・研究している。

日本の学生は« ˣJe travaille le français. »という言い方が好きなようで、初級のクラスでよく見聞きしますが、travaillerは対象を従えると「(具体的に)繰り返し練習する・稽古する」という意味合いが強くなり、ややニュアンスが異なります。

***Travaillez* bien la prononciation [la conversation].**

発音[会話]をよく練習しなさい。

travailler son français 「(自分の)フランス語を磨く・ブラッシュアップする」

Je voudrais *travailler* mon français.

私はフランス語を磨きたい。

このようにtravaillerの対象に所有形容詞mon, ton, ...をつけて「自分の腕を磨く」「課題に取り組む」などを表します。travailler son piano [violon]（ピアノ[ヴァイオリン]の腕を磨く）、travailler ses mathématiques（課題の数学をやる）、などです。この意味では、一般的な勉強を表すapprendreやétudierは使えません。
×J'apprends [×J'étudie] mon français.

「試験勉強をする」は通常préparer（準備する）を用いてpréparer son examenと言います。étudier son examenと言うと「試験の内容あるいは正解を分析する」という意味合いが強くなります。

一般的な研究対象をとるのはétudierの得意とするところです。

étudier l'A.D.N.　「DNAを研究する」　× apprendre [travailler] l'A.D.N.

étudier un problème　「ある問題を検討する」

***Étudie* la question avant de prendre cette décision !**

そう決める前に問題を検討しなさい！

apprendre / étudier + 名詞句 + avec + 人

「(人)に～を習う」「研究指導される」

「一緒に習う・研究する」のではありません。

Il *a appris* le français *avec* une amie française.

彼はフランス語をフランス人のガールフレンドから習った。

Elle *a étudié* le français *avec* un professeur de Paris VII.

彼女はパリ第7大学の教授のもとでフランス語を研究した。

apprendre

apprendreは他の2動詞（travailler, étudier）に比べて表現形式が豊富です。

apprendre + 名詞句 + par cœur

「～を暗記する」

「心で習う」のではありません。

Elle *a appris* cette incantation par cœur.　彼女はその呪文を暗記した。

apprendre à + 不定詞

「～することを習う・学ぶ・覚える」

Je voudrais *apprendre à* discuter en français.

– Alors, *apprenez à* riposter.

「フランス語で議論することを学びたい」「では反論することを覚えなさい」

apprendre que + 直説法

「〜を知る」 類義：savoir (que + 直説法)

J'*ai appris qu'*ils avaient un enfant.

(= **J'*ai su qu'*ils avaient un enfant.**)

私は彼らに子供がいるのを知った。

ただしapprendreには「教える」という逆の意味もありますので注意しましょう。

apprendre ... à + 人

「(人)に〜を教える」

J'*apprends* le japonais *aux* Français.

私はフランス人に日本語を教えている。

Elle m'a appris cette nouvelle.

彼女は私にそのニュースを知らせてくれた。

このように「習う・学ぶ」動詞は幅が広いです。

Travaillez bien !（しっかり勉強してください！）

練習問題 19

A 日本語の意味に合うように、適切な動詞を選びましょう。

1. Il (ⓐ apprend ⓑ étudie) à Paris. 彼はパリで勉強している。
2. Tu (ⓐ apprends ⓑ travailles) bien ? 君はしっかり勉強しているか？
3. Quelle langue (ⓐ apprenez ⓑ travaillez)-vous ? 何語を学んでいますか。
4. J' (ⓐ apprends ⓑ étudie) à faire la cuisine. 料理のしかたを習っている。
5. Elle (ⓐ apprend ⓑ étudie) la vie d'un écrivain japonais.
   彼女はある日本人作家の人生を研究している。
6. Il a (ⓐ appris ⓑ étudié) que le ministre avait démissionné.
   彼は大臣が辞職したことを知った。
7. (ⓐ Apprenez ⓑ Travaillez) ce poème par cœur. その詩を暗記しなさい。
8. Il a (ⓐ préparé ⓑ travaillé) son examen. 彼は試験勉強をした。
9. Tu dois (ⓐ préparer ⓑ travailler) ton smash.
   君はスマッシュを練習するべきだ。
10. Il faut (ⓐ apprendre ⓑ étudier) ce problème à fond.
    この問題を徹底的に検討する必要がある。

B 日本語に訳しましょう。

1. Il apprend à nager.
2. Nous avons appris de Marie qu'il était mort.
3. Veux-tu bien m'apprendre quelques recettes ?
4. Elle étudie la vie des abeilles.
5. J'ai étudié la physique avec le Professeur Doucet à la Sorbonne.
6. Tu n'as qu'à travailler plus.
7. Ces élèves n'ont pas de motivation pour travailler.
8. Tu n'as pas assez travaillé tes mathématiques.

7 「帰る・戻る」動詞

「帰る」「戻る」は、rentrer, revenir, retournerのような動詞が浮かんできます。〈 rentrer / revenir / retourner à + 到達点 〉で「～に帰る」「～戻る」という表現になります。

Je *rentre* à Paris.

Je *reviens* à Paris.

Je *retourne* à Paris.

以前にいた場所(パリ)に移動するという行為・動作としては同じ事柄を指しますが、これらは同じ意味なのでしょうか。

これらの動詞の形を見ると、それぞれ、〈 re- + entrer(入る)〉〈 re- + venir(来る)〉〈 re- + tourner(曲がる)〉という構成になっています。接頭辞のre-が「再び」の意味を持つことから、それぞれ「再び + 入る」「再び + 来る」「再び + 曲がる」と考えると、その意味合いはある程度想像できます。

rentrer

rentrer (à la maison)

「家に帰る」「帰宅する」

rentrerは「元いた場所にまた入る」ということで、行先は「本来いる場所」が前提になっています。したがって「家に帰る」「帰宅する」というのに最も適した言い方になります。

Je *rentre* (à la maison). (家に)帰る。

Mon mari n'*est* pas *rentré*. 夫はまだ帰っていない。

この言い方は、特別な文脈がなければ、à la maisonがなくても同じ意味になります。ただし、「本来いる場所」は家とは限りません。

L'écoliers *rentrent* (en classe) demain.

生徒たちは明日(教室に)戻ってくる。

この場合は、新学期が始まるという意味です。同じことを、

Les écoles *rentrent* demain. 学校は明日始まる。

と言うこともあります。10月から新学期になるフランスでは、9月ごろ、大きなlibrairie(本屋)やpapeterie(文房具店)で « (La) Rentrée »(新学期)という大

きな張り紙が見られます。同様に、ヴァカンスや出張から会社に戻るときも、rentrerが使えます。

なお、接頭辞のre-には、「再び」「繰り返し」のほかに「強調」の意味があります。したがって、rentrerがentrer（入る）の意味で用いられると、entrerよりも強く、「思い切って無理に入る」という含みが出る場合があります。

Il pleuvait, on *est* donc *rentrés* dans un café.

雨が降っていたので、カフェに入った。

主語は人だけでなく、「もの」のこともあります。

Plus rien ne *rentre* dans ce tiroir.

もうこの引き出しには何も入らない。

ただし、名詞entréeとrentréeでは、本来の意味の区別が維持されています。

L'*entrée* à l'université se fait après le baccalauréat.

大学入学はバカロレアのあとに行われる。

La *rentrée* universitaire se fait en octobre.

大学の新学期は10月に行われる。

revenir

revenir (ici)

「(ここに)戻ってくる」

revenirは、venirが「話し手がいるところに来る」ことなので、「元いたこの場所にまた来る」、つまり「またここに戻ってくる」という意味になります。

On ne *reviendra* plus dans ce restaurant, il est trop cher !

もうこんなレストランには来ない。高すぎる！

ただしvenirも同様ですが、相手の方へ行く（戻る）ときに、相手への共感から次のように言えます。

Attends ! Je (*re*)*viens* tout de suite ! 待って！ 今すぐ行く[戻る]よ！

「もの」を主語にしても、次のような表現ができます。

L'appétit (te) *revient*, on dirait ! 食欲が出てきたようだね！

Son nom me *revient* maintenant... 彼の名前を思い出したわ。

retourner

retourner (là-bas)

「(あそこに)戻っていく」

retournerは、「ここではないどこか(話し手のいないところ)に戻っていく」ときに用いるのがふつうです。自分の家でなくてもかまいません。

Je n'aime pas rester ici, je voudrais *retourner* là-bas [chez toi].

ここにいるのは嫌だ。あそこ[あなたのところ]に戻りたい。

したがって子供が駄々をこねて、次のように言うことは可能です。

Maman, on *retourne*. Moi, j'en ai marre. Toi, tu t'amuses, mais c'est pas drôle. ＊話し言葉

ママ、帰ろうよ。もう飽きたよ。ママは楽しんでるけど、おもしろくないよ。

この場面で、on revient「(ここに)戻ってくる」は変です。家はここではないと考えられるからです。でも on rentre「(家に)帰る」なら可能です。どこであろうと「帰宅する」ことになるからです。

ただしretournerがいつも話し手を出発点にしているわけではありません。

Il *retourne* de Paris à Moscou. 彼はパリからモスクワに戻っていった。

この場合、話し手からは中立的と言えます。

rentrée, retour, revenu

rentrer, retourner, revenirの名詞rentrée, retour, revenuは必ずしも動詞と同じ意味が維持されるわけではありません。

la rentréeは、先に見たように、「家や故郷・学校など、本来いる所に戻ること」であり、「帰宅」「帰郷」「新学期」などを表します。しかし、一時的な滞在のためにある場所に「また行く」ときには使えません。一般に「戻ること」「帰還」を表すのはle retourです。

La *rentrée* [Le *retour*] des vacanciers à la fin du mois d'août.

8月末のヴァカンス客の帰宅[帰還]。

Depuis quelques années, il y a un *retour* [×une *rentrée*] des touristes étrangers sur la Côte d'Azur.

数年前から、コート・ダジュールに海外からの旅行者が(毎年)戻って来るようになっている。

たしか、哲学などで「自己への回帰[還帰]」などと言うときも、« retour à soi »

などと言うということを、学生時代に読んだような気がします。

le revenuは「収入」という意味になり、移動動詞の意味はありません。

rentrer, retourner, revenir以外にも、「帰る」「もどる」を表す動詞があります。

repasser

「またあとで通る」「立ち寄る」

Je *repasserai* après. （お店などで）またあとで来ます・行きます。

〈re- + passer〉「再び通る」「また立ち寄る」ということで、戻る場所は最終到達点ではなく、通過点ということです。「ここ」でも他所でもかまいません。

Comme je ne l'ai pas trouvé à son bureau, je *repasserai* vers 4 h.
彼のオフィスでお会いできなかったので、また4時に立ち寄ります。

regagner

「戻る」「再び到達する」

Il *a regagné* sa chambre. 彼は部屋に戻った。

regagnerは、やはり〈re- + gagner〉と分析できます。gagnerだけでも「獲得する」という意味から「ある場所に到達する」ことを表すことができます。そこからregagnerは「再び到達する」「（〜に）戻る」という意味になります。

L'avion *a regagné* l'aéroport. 飛行機は空港に帰還した。

帰る場所にとくに意味的な制約はありませんが、注意しなければいけないのは、この動詞は他動詞だということです。したがって、目的地は直接目的語、つまり前置詞なしの名詞句でないといけません。iciやlà-basなどの副詞（句）ではダメです。

なお、regagnerは他動詞なので助動詞はavoirをとります。rentrer, revenir, retourner, repaserの助動詞はêtreです。

練習問題 20

A 日本語の意味に合うように、適切な動詞を選びましょう。

1. (ⓐ Allez ⓑ Venez) chez moi ce soir.
   今晩私の家に来なさい。

2. Il n'y a plus de pain. Tu peux (ⓐ aller ⓑ venir) à la boulangerie ?
   もうパンがない。パン屋に行って来てくれない?

3. La balle a ricoché sur le mur et elle est (ⓐ retourné ⓑ revenue) à mes pieds.
   ボールは壁にぶつかって私の足元に戻った。

4. Mon fils (ⓐ rentrera ⓑ retournera) demain.
   息子は明日帰ってくる。

5. Je n'ai pas assez d'argent sur moi, je vais (ⓐ rentrer ⓑ repasser) .
   いま手元にじゅうぶんお金がないので、また来ます。

6. Elle a (ⓐ regagné ⓑ retourné) son pays natal.
   彼女は生まれ故郷に戻った。

7. (ⓐ Va ⓑ Viens) chercher le journal.
   新聞をとってきて。

8. À table, Jean ! – Oui, je (ⓐ vais ⓑ viens) .
   「ごはんよ、ジャン!」「うん、いま行くよ」

9. À mon (ⓐ retour ⓑ revenu) , j'ai trouvé ma chambre en désordre.
   私が戻ってみると、部屋が散らかっていた。

10. Les enfants (ⓐ rentrent ⓑ retournent) à l'école.
    新学期だ。

8 「始める・終える・続ける」動詞

動作の始め方にもいろいろあります。終わり方、続け方もさまざまです。ここでは「～し始める」「～し終える」「～し続ける」という表現の使い方とニュアンスを見ましょう。

始める : commencer, se mettre

commencer à + 不定詞

「～し始める」

前もってわかっていた行為や自然のなりゆきに従う行為について言います。「少しずつ始める」のニュアンスもあります。 類義 entreprendre de + 不定詞

Mon fils *a commencé à* marcher. 息子が歩き始めた(よちよち歩きを始めた)。

Il *a* enfin *commencé à* pleuvoir. とうとう雨が降り始めた。 ＊ilは非人称主語

〈 commencer de + 不定詞 〉はまれで、やや書き言葉的です。

Ils *commencèrent* enfin *de* suivre ses cours.
彼らはとうとう彼の講義を受け始めた。

se mettre à + 不定詞

「(突然) ～し始める」「～し出す」

前後の脈絡のない行為や唐突なできごとを客観的に記述している感じです。
類義 entreprendre de + 不定詞 文語 se prendre à + 不定詞

De peur, elle *s'est mise à* pleurer. 恐怖から、彼女は泣き出した。

Le téléphone *s'est mis à* sonner, alors je me suis précipité, et j'ai glissé. 電話が鳴り出したので、急いで向かったのだが、すべってしまった。

Il *se mit à* venter. (急に)風が吹き出した。 ＊ilは非人称主語

se mettre à + 名詞句

「～に取りかかる」

この場合は、突然とは限りません。

On va *se mettre au* travail ? 仕事に取りかかろうか？

〈 commencer à + 不定詞 〉と〈 se mettre à + 不定詞〉の違い

commencer àは「少しずつ〜し始める」というニュアンスも感じられ、突発的な出来事とは相性がよくありません。他方、se mettre àはむしろ唐突な行為というニュアンスがあります。

×**Il *a commencé tout à* coup [soudain] à danser.**

Il *se mit tout à* coup [soudain] à danser. 彼は突然踊り出した。

se mettre à は唐突な感じがあるため、予定された感じがする未来形は使いません。それに対し、commencer à では可能です。

×**Jean *se mettra* cet été *à* aller à l'auto-école.**

Jean *commencera* cet été *à* aller à l'auto-école.

ジャンはこの夏自動車教習所に通い始める予定だ。

また、se mettre àは予想外のこと・他人事として客観的な立場で述べている感じがあり、1人称・現在形では使いにくくなります。

×**Maintenant je *me mets à* marcher.** 今、私は突然歩き始める。

Maintenant je *commence à* courir. 今から私は走り始めます。

s'y prendre

「とりかかる」「行動する」

熟語表現です。ある状況・目標(y = à cela)に向けて行動し出す場合に使います。

Il sait bien comment *s'y prendre*.

彼はどこから手をつけたらいいのかよくわかっている。

終える・やめる：cesser, finir, (s')arrêter

いずれも不定法を従えて、行為を「終える」「やめる」ことを表わしますが、それぞれニュアンスが異なります。

cesser de + 不定法

「〜するのを(完全に・決定的に)やめる」 類義 renoncer à

再開しないことを前提として、客観的に述べます。

Elle a cessé de fumer à 24 ans.

彼女は24歳で煙草をやめた(＝今はもう吸っていないし、今後も吸わないつもりである)。

「一時的にやめる」の意味では使えません。

×**Elle *a cessé de* fumer pendant 2 mois.**

Le café n'est pas très bon pour la santé.

– Alors je vais *cesser d'*en prendre.

「コーヒーは体にあまりよくないよ」「じゃあ、飲むのやめるよ」

Il *a cessé de* neiger. 雪がやんだ。 ＊il は非人称主語

finir de + 不定法

「(すっかり) ～し終える」「～するのを完了する」 類義 achever de

Frédérique, as-tu *fini de* manger ta soupe ?

– Oui, presque.

「フレデリック、スープ飲み終わった？」「うん、ほとんどね」

Il *a fini de* fumer une cigarette et l'a écrasée dans le cendrier.

彼は煙草を1本吸い終えると、灰皿の中でもみ消した。

疑問形で、しばしばいらいらした感情を表し、ときに相手を叱りつけるのに用います。この場合、時制は直説法複合過去形・単純未来形・前未来形が普通です。

***As*-tu *fini de* faire ce bruit ?** いい加減にその音を出すのやめたら？

Quand donc *finira*-t-*il de* neiger ?

いったいいつになったらこの雪はやむのだろう？

参考 Veux-tu *arrêter de* pleurer ? 泣くの止めたら？

(s')arrêter de + 不定法

「(いったん) ～するのを(意志をもって)やめる」 類義 s'interrompre de

再開するかどうかはわかりません。どちらも可能です。したがって、またやるかもしれないという含意が感じられます。代名動詞のほうが「意志をもって」という感じが強いため(p.74参照)、主語は人がふつうです。

Nous *avons arrêté de* nous voir. 私たちは会うのをやめた。

Je *me suis arrêté de* fumer il y a un mois.

僕は1月前に煙草をやめたよ(ただし、もう二度と吸わないかどうかは不明)。

Le café n'est pas très bon pour la santé.

– Alors je vais *arrêter d'*en prendre pendant une semaine.

「コーヒーは体にあまりよくないよ」「じゃあ、1週間飲むの止めるよ」

非人称主語はとれません。

×**Il *a arrêté de* neiger.** ×雪は降るのをやめた。

commencer par, finir par

commencer par + 名詞句(もの・こと) / 不定詞

「まず〜で・〜から始まる・始める)」「とにかく・とりあえず〜する」 類義 débuter par

Ses paroles *commencent* toujours *par* « eh bien ».

彼(女)の話はいつも「さて」から始まる。

On *commence par* où ? どこ・何から始める？

On va *commencer par* dormir. とりあえず眠ろう。

Nous *avons commencé par* nettoyer la chambre.

私たちはまず部屋を掃除することから始めた。

finir par + 不定詞

「最後には・ついに〜することで終わる」 類義 en arriver à

Il a refusé ?

– Au début oui, mais il *a fini par* accepter [céder.]

「彼は断ったの？」「はじめはね。でも最後には承知[譲歩]したよ」

Tout *a fini par* s'arranger. 万事は丸く収まった。

Elle *finira* bien *par* gagner. きっとついには彼女が勝つのだろう。

「 とうとう〜し始める)」 類義 commencer à

Vous *finissez par* m'énerver ! (= **Vous *commencez à* m'énerver.**)

いい加減にやめてください！（＝あなたは私をいらだたせ始めています)。

finir par + 名詞句(もの・こと) / 不定詞

「最後は〜で終わる・〜となる」

主語は「もの」です。

Cet article *finit par* une interrogation.

この記事は問いかけで終わっている。

Sa vie *a fini par* la joie [la reconnaissance / le remord].

彼(女)の一生は喜び[感謝 / 悔い]で終わった。

en finir

目的語として〈 avec + 名詞句 〉や〈 de + 不定詞 〉をとります。いずれもくだけた話し言葉です。

en finir avec + 名詞句

「(以前からの困った嫌なこと・事態に関して)～に決着・けりをつける」「片づける」

主語は人。名詞句が人かものかによって、やや意味が異なります。

・名詞句が「もの」:「～にけりをつける」 類義 mettre fin à, régler, résoudre

Je voudrais *en finir avec* tous ces malentendus.

これらの誤解にはすべてけりをつけたいのだが。

・名詞句が「人」:「～と縁・手を切る」 類義 rompre avec

Nous *en avons fini avec* ces voyous il y a un an.

我々はあのチンピラたちと1年前にようやく手を切った。

en finir de + 不定詞

「やっと～し終える」 類義 s'arrêter de

Elle *en a fini de* rembourser la dette. 彼女はやっとあの借金を返し終えた。

否定形n'en pas finir de(～し続ける)で用いるほうが普通です(p.137参照)。

続ける:continuer

反復や継続を表す動詞です。continuerの他に、「終える」「やめる」を表す動詞の否定形がその表現になります。

continuer à + 不定法

「～し続ける」 継続・反復

Il *continue à* boire. 彼は相変わらず酒をやめない。

Le dollar *continue à* baisser. ドルが下落し続けている。

Il *continue à* pleuvoir. 雨が降り続いている。 * ilは非人称主語

Malgré le bruit, il *continue à* travailler.

騒音にもかかわらず、彼は勉強を続けている。

On peut *continuer à* se voir, mais en camarades.

僕たちはこれからも付き合っていけるよ、ただし友だちとしてね。

Ce remède *continue à* faire de l'effet pendant dix heures.

この薬は10時間効力がある。

Si tu *continues à* pleurer, va dans ta chambre et ferme la porte !

泣きやまないのなら、自分の部屋に行ってドアを閉めて泣け。

continuer de + 不定法

「〜し続ける」 継続・反復

〈 à + 不定法 〉より〈 de + 不定法 〉のほうが改まった感じがします。

Il *continue de* danser tous les soirs. 彼は毎晩踊り続けている。

Il *continue de* neiger. 雪が降り続いている。 ＊il は非人称主語

Le musée *continuera d'*être ouvert pendant les travaux.

美術館は工事中も開館する。

Pourquoi est-ce que tu *continues de* fumer, je croyais que ton médecin te l'avait défendu.

なぜタバコを止めないんだい。医者が君に禁じたはずなんだがねえ。

Croyez bien que je partage votre douleur, mais il faut *continuer de* vivre.

お悲しみのほどお察しいたします。しかし(それに負けず)生きていってほしいと思います。

〈 à + 不定法 〉は「絶え間なく続く」という感じ、〈 de + 不定法 〉は「断続的に続く」という指摘もありますが、上記の用例からはそれほど明確な違いは感じられません。ただ、de よりは à の方が多いという印象を受けます。

ne (pas) cesser de + 不定法

「絶え間なく〜し続ける」「絶えず〜する」 反復

特に現在形または半過去形でこの意味になります。改まった言い方では、否定の pas が落ちます。

Il *ne cesse* (pas) *de* me déranger. 彼は絶えず私の邪魔をする。

Il *ne cesse de* dire qu'il s'est trompé de chemin dans la vie.

彼は口癖のように人生の道を誤ったと言っている。

継続の意味になることもあります。

Je lui ai donné des bonbons, mais elle n'*a pas cessé de* pleurer.

彼女にキャンディーをやったが、泣きやまなかった。

La pluie n'*a pas cessé de* tomber depuis trois jours. Quelles vacances !

3日前から雨が降りやまない。何という休暇だ！

Le cours du yen *ne cesse de* baisser. 円相場が下落し続けている。

La crise économique *ne cesse de* s'accentuer.

経済危機は高まる一方だ。

La tension entre les deux pays *ne cesse de* s'accroître.

両国間の緊張は高まる一方だ。

Ils *ne cessent pas de* rire. 彼らは笑い続けている。

ne pas arrêter de + 不定法

「絶え間なく〜し続ける」「絶えず〜する」　反復・継続

Que faire ? Ce bébé n'*arrête pas de* pleurer.

どうしよう？　この赤ちゃん泣きやまない。

n'en pas finir de + 不定法

「なかなか〜し終えない」「〜してきりがない」

そこから「〜し続ける」という意味になります。くだけた話し言葉です。

類義 ne pas s'arrêter de, s'épuiser à

Elle *n'en finit pas de* boire. 彼女はいつまでたっても飲みつづけている。

On *n'en finirait pas de* raconter ses aventures.

みな自分の冒険談をし続けることだろう。

On *n'en finirait pas de* lire tous les livres de cette bibliothèque.

この図書館の本をすべて読むなんてきりがないだろうな。

継続の意味をもちにくい動詞は、その動作が始まらないことになります。

Il *n'en finit pas de* partir. 彼はいつまでたっても出発しない。

n'en pas finir avec + 名詞句

「いつまでも・なかなか終らない」「長々と続く」「きりがない」「うんざりだ」

くだけた話し言葉です。　類義 épuiser

On *n'en finira* jamais *avec* cette querelle.

その論争にけりをつけるなどということは決してないだろう。

練習問題 21

A 日本語の意味に合うように、適切な動詞を選びましょう。

1. Il (ⓐ a commencé ⓑ s'est mis) soudain à courir au milieu du couloir.
   彼は廊下の真ん中で突然走り出した。
2. On (ⓐ a commencé ⓑ s'est mis) à courir dans le stade.
   皆はスタジアムで走り始めた。
3. Elle a (ⓐ arrêté ⓑ fini) de manger. 彼女は食べ終わった。
4. Il a (ⓐ cessé ⓑ fini) de faire du jogging.
   彼はジョギングするのはやめてしまった。
5. J'ai (ⓐ arrêté ⓑ cessé) de courir pendant 10 minutes.
   私は10分間走るのをやめた。
6. Les joueurs ont (ⓐ commencé ⓑ fini) par se battre.
   選手たちはとうとう殴り合いを始めた。
7. Les lutteurs ont (ⓐ commencé ⓑ fini) par se serrer la main.
   レスラーたちはまず握手から始めた。
8. Elle (ⓐ en a fini ⓑ n'en a pas fini) avec ses mauvais souvenirs d'enfance.
   彼女は子供の頃の悪い思い出がようやくなくなった。
9. On (ⓐ en finit ⓑ n'en finit pas) de danser.
   皆はいつまでたっても踊りつづけている。

B 日本語に訳しましょう。

1. En regardant la télévision, elle s'est mise à rire.
2. Il a cessé de boire à l'âge de 90 ans.
3. Elle s'est arrêtée de courir pendant un an.
4. Il a fini de lire ce roman en deux jours.
5. Ils ont fini par chanter *la Marseillaise**. *la Marseillaise : フランス国歌
6. Elle voulait en finir avec lui.
7. Nous devons commencer par faire la vaisselle.
8. Il n'en a pas fini avec sa mauvaise habitude.

9 「食べる・かむ・飲む」動詞

人やものが何かを「吸収・摂取する」ことを表すabsorberという動詞があります。ここでは、とくに「(人が口から)食べる・飲む」という表現を出発点として考えてみましょう。

食べる：manger, prendre

manger + 名詞句(食べ物)

基本として具体的な食べ物を目的語とします。

Je *mange* du poisson, de la viande, du fromage et du gâteau.
魚と肉とチーズとケーキを食べる。

しかし食べ物だけとは限りません。

Cette entreprise *mange* de l'argent. この企画にはお金がかかる

「お金をまるで食べるように使う」という比喩的な表現だと言えます。そう言えば、日本語でも「金食い虫」と言いますね。フランス語の表現はものが主語ですが、日本語のほうは「お金をたくさん使う人」も表します。念のため。

prendre le déjeuner

「お昼を食べる」「昼食をとる」

「お昼(昼食)を食べる」と言う場合、mangerは使いません。これを ×manger le déjeunerと言い間違える人が結構います。英語のeat [have] lunchの影響だろうと思うのですが、正しくはprendre le déjeunerです(p.28参照)。le petit déjeuner(朝食)やle dîner(夕食)でもprendreです。

かむ：mastiquer, mâcherなど

mastiquer / mâcher du chewing-gum

「ガムを噛む」

×mordre du chewing-gumと言いません。mastiquerやmâcherは、一般に食べ物を「かむ」と言うときに使います。ただし、英語でmashと言うと「すりつぶす」という意味になります。mashed potatoes(マッシュ・ポテト)のmashですね。

フランス語ではpurée（de pommes de terre）（ジャガイモのピューレ）と言います。しかし古フランス語の動詞purerは現代では使われません。

se ronger les ongles

「（自分の）爪を噛む」

rongerやmordillerは「かじる」というニュアンスになります。

Il *se ronge* tout le temps *les ongles*. 彼はいつも爪を噛んでいる。

mordre（+ 名詞句 / à ［dans］ + 名詞句）

「（犬などが）咬みつく」

「かむ」の訳語としてmordreが考えられますが、これはしばしば「（犬などが）咬みつく」という意味で用いられます。×mordre du chewing-gumと言いません。

***J'ai été mordu* par un chien ［serpent］.** 犬［ヘビ］に咬まれた。

「（〜を）かじる」「（〜に）食いつく」、ときに「（リンゴなどを）かじる」の意味でも用いますが、「食べる」という意味合いではなく「食いつく」というようにその動作に重点が置かれています。

Ça *mord* ! （魚が）かかったぞ！・（人が）うまく罠にかかったぞ！

「（ものが）くい込む」「侵食する」という意味もあります。

飲む：boire, consommer, siroter, (r)avalerなど

boire + 名詞句（液体）

具体的に液体を「飲む」場合は、一般にboireです。

Je *bois* du café ［de l'eau / du lait / du vin］.
私はコーヒー ［水 / ミルク / ワイン］を飲む。

manger de la soupe

「スープを飲む」

「スープを飲む」というときに、フランス語ではmanger de la soupe、英語ではeat soupというように、「食べる」にあたる動詞を使うことはよく指摘されます。×boire de la soupeとは言いません（英語では、カップで飲む場合はdrink soupとも言うようです）。

「スープを食べる」のは、もともと夜寝る前の食事がスープにパンを落とした

ものを「食べる」程度だったことに由来します。そこからsouper（夜食）という語ができ、これが英語のsupper（夕食）になります。

スープにパンを落とす習慣は、現代ではクルトンcroûton（英語crouton）という形で残っています。細かく切ったカリカリのパンなどがスープやポタージュに浮いている、あれです（日本語でも「味噌汁を食べる」という地方があるようです。この地方の味噌汁は具がとても多いということです）。

その言われを知れば、「スープを食べる」と言うのもいくらか納得はできます。しかし、日常の表現の中には、そういう「言われ」がなくても、さまざまな意外なコロケーション（連語関係）が見られます。

prendre un verre / un pot

「一杯飲む」

漠然と「一杯飲む」と言うときはこう言います。ただしboireも可能です。

On va *prendre un pot* ? 一杯やりに行かない？

consommer

一般に「飲んだり食べたりして消費する」ことをこう言うことがあります。

Les Français *consomment* plus de vin que de bière.
フランス人はビールよりもワインを飲む。

Ma voiture *consomme* beaucoup d'essence.
ぼくの車はガソリンをたくさん食う。

siroter

「（うまそうに）ちびちび飲む」

***Il sirote* son vin.** 彼はワインをゆっくり味わって飲んでいる。

téter

「（乳を）飲む・吸う」

Un chiot *tète* du lait. 子犬が乳を吸っている。

Le bébé *tète* sa mère. 赤ちゃんは母乳を飲んでいる（吸っている）。

prendre un médicament

「薬を飲む」

***Prends ce médicament* [ce remède] à jeun.** この薬は空腹時に飲みなさい。

avaler + 名詞句(液体・それ以外のもの)

「固体を噛まずに飲み込む」「液体を一気に・がぶがぶ飲む」

***Il a avalé* un comprimé** 彼は錠剤を飲み込んだ。

Attention de ne pas *avaler* une arête. 魚の骨を飲み込まないように注意して。

(r)avaler + 名詞句(心理・感情)

avalerや(とくに)ravalerは、心理的表現などで比喩的に「(心理・感情を)飲み込む」「我慢する」という意味で用いられます。

ravaler sa fierté **「自尊心を抑える」**

Il a dû ravaler sa fierté. 彼は自尊心を抑えるべきだった。

ravaler [avaler] sa colère **「怒りを飲み込む・抑える」**

ravaler [retenir] ses larmes par dépit **無念の涙をのむ**(飲み込む・抑える)

日本語でも「飲み込む」と言いますね。蛇足ながら、不思議なことに英語では、この「飲み込む」をswallowと言います。

He had to *swallow* his pride. 彼は自尊心を飲み込むべきだった。

その他、さまざまな「のむ」を辞書から拾ってみましょう。

fumer (une cigarette) **「たばこをのむ(吸う)」**

accepter les conditions **「条件をのむ(受け入れる)」**

étouffer ses paroles [un cri] **「言葉[声]をのむ (つまらせる)」**

dissimuler un poignard sur soi **「短刀をのむ(隠し持つ)」**

次のように、「もの」を主語にした文を「のむ」と訳すことがあります。

L'avalanche *a enseveli* le village. 雪崩が村をのんだ(←埋もれさせた)

Cette nouvelle lui *a coupé* le souffle.

彼はこのニュースに息をのんだ(←ニュースは彼の息を止めた)。

練習問題 22

A 日本語の意味に合うように、適切な動詞を選びましょう。

1. Le matin, je (ⓐ mange ⓑ prends) le petit déjeuner à huit heures.
   私は毎朝8時に朝食を食べる。
2. Il (ⓐ boit ⓑ mange) tous les matins du pain et une omelette.
   彼は毎朝パンとオムレツを食べる。
3. Elle (ⓐ boit ⓑ mange) de la soupe à l'oignon.
   彼女はオニオンスープを飲む。
4. Elle (ⓐ boit ⓑ mange) de l'eau gazeuse. 彼女は炭酸水を飲む。
5. Il (ⓐ mâche ⓑ mord) lentement de la viande.
   彼はゆっくりと肉をかんでいる。
6. Le chien lui a (ⓐ mordillé ⓑ mordu) la jambe. 犬は彼の足にかみついた。
7. Le garçon (ⓐ mordille ⓑ mord) toujours son crayon.
   少年はいつも鉛筆をかんでいる。
8. Le bébé (ⓐ boit ⓑ sirote) son biberon.
   赤ちゃんは哺乳ビンを吸っている。
9. Il (ⓐ consomme ⓑ sirote) son pastis.
   彼はパスティス(アニス酒)をちびちび飲んでいる。
10. Ils (ⓐ consomment ⓑ emploient) deux kilos de beurre par mois pour faire des croissants. 彼らはクロワッサンをつくるのに月2キロのバターを使う。
11. Je (ⓐ bois ⓑ prends) deux sortes de médicaments après le repas.
    私は毎食後2種類の薬を飲む。
12. Il a (ⓐ avalé ⓑ bu) une pièce de 1 yen. 彼は1円玉を飲み込んだ。
13. Elle a (ⓐ bu ⓑ ravalé) sa tristesse.
    彼女は悲しみを飲み込んだ(こらえた)。
14. J'ai dû (ⓐ accepter ⓑ boire) sa proposition.
    私は彼の申し出を飲むべきだった。
15. Cette machine (ⓐ consomme ⓑ mange) trop d'électricité.
    この機械は電気を食いすぎる。

10 「あがる・のぼる・あげる」動詞

いずれも「ある場所からより高いところへの移動」を表しますが、日本語の「あがる(あげる)」は「到達点」に焦点があるのに対し、「のぼる」は上への移動の「経路」に焦点がある(「川をのぼる」など)ようです。

フランス語では一般に「低いところから高いところへの移動」を表す動詞はmonterでしょう。monterの助動詞は他動詞用法では常にavoirです。自動詞用法では原則として、行為を表すときはavoir、行為の結果を表すときはêtreをとります。しかし慣用では、行為でもêtreが優勢になっています。

その他にaugmenter, leverなどが同様の意味で用いられることがありますが、必ずしもその使用範囲は同じではありません。以下にそれらを用いた表現を見ましょう。

上がる・のぼる : monter

monter + 前置詞(à, surなど) + 名詞句(場所・到達点)

1)「～ (の上)にあがる・のぼる」

主語は人、生物、動くものです。自動詞用法で助動詞はêtreが一般的です。

Il *est monté sur* un arbre. 彼は木に登った。 類義 grimper : よじ登る

***Montons au* sommet de la montagne.** あの山の頂上に登ろう。

比較 *escalader* une montagne : 山に登る

2)「～に上京する」「北上する」

主語は人です。

Il *monte à* Paris. 彼は(地方から)パリに出る。

monter + 名詞句(階段・坂など)

「～をのぼる」「あがる」 類義 gravir

主語は人、生物。他動詞用法なので、助動詞はavoirです。

On *a monté* l'escalier d'un seul trait. 階段を一気に上った。

Nous *montons* cette rue pour aller à la fac. 大学に行くのにこの道を上る。

主語が「もの」の場合はどうでしょうか。

主語(道・坂・çaなど) + monter

「～(道など)がのぼる」「上り坂になる」 対義 descendre

坂、道などを擬人化した比喩ともとれます。自動詞用法ですが、助動詞はavoirが見られます。

Ça *monte*. (道が)上りだ。

La rue *a monté* pendant un quart d'heure. 道は15分間上りだった。

主語(価格・値段・温度・位置など) + monter

「～があがる」 類義 augmenter 対義 baisser

自動詞用法です。

Les prix *ont monté*. 物価が上がった。

La température *a monté* [*est montée*] de plus en plus.
気温はだんだんと上がった。

L'eau *montait* jusqu'au premier étage.
水(水位)は2階まで上がっていた。

この用法ではaugmenterの意味がmonterと重なることがよくあります。ただしaugmenterは人や生物を主語にすることはありません。

monter à [en] + **名詞**(乗物) / monter sur [dans] + **名詞句**(乗物)

「～に乗る」

いずれも主語は人です。自動詞用法で、助動詞はêtreが一般的です。日本語では「乗る」といいますが、フランス語では「上にあがる・のぼる」とおなじmonterを用います。

***Montons à* vélo [*en* voiture].** 自転車[車]に乗りましょう。

***Montez sur* sa bicyclette [*dans* cette voiture].**
彼の自転車[この車]に乗りなさい。

〈à [en]+名詞(無冠詞)〉では抽象的に「乗る」ことを表します。〈sur [dans]+名詞句(限定詞つき)〉では「具体的な乗物に乗る」ことを示します。前置詞à, surはまたがって乗るもの、en, dansは中に乗り込むものに使います。allerなどの動詞でもほぼ同様のことが言えます。

上がる : augmenter

自動詞用法です。

主語(価格・値段) + augmenter

「～が上がる」

Le prix de la vie *augmente*. 生活費が上がる。

Le gaz *a augmenté*. ガスが値上がりした。

主語(ものごと(の量)) + augmenter

「～があがる」「増える」 類義 croître 対義 baisser, diminuer

Le chômage *a augmenté* avec la crise. 不況で失業が増えた。

Le danger *augmente* [*croît*] de jour en jour. 危険が日々増加している。

La population [La fièvre] *augmente*. 人口が増える[熱が上がる]。

血圧もこの動詞を使います(p.155コラム参照)。

La tension (artérielle) peut *augmenter* quand on prend du poids.

太ると血圧が上がる(高くなる)ことがある。

その他の「あがる」「のぼる」をいくつか挙げてみます。

Le soleil [La lune] *se lève*. 太陽[月]が上がる / 陽[月]が昇る。

参考 La lune *monte*. 月が高く上がる。

Le rideau *s'est levé*. 幕が上がった。

Les flammes *ont jailli*. 火の手が上がった。

J'*ai le trac*. (緊張で)あがっている。

上げる : monter, lever

他動詞用法が基本の表現です。

monter + 名詞句(もの)

「(ある場所に) ～を上げる」

Je voudrais *monter* la valise dans ma chambre.

スーツケースを上の私の部屋に上げたいのだが。

Comment peut-on *monter* ce lit au premier étage ?

このベッドどうしたら2階に上げられる?

mettre + 名詞句(もの) + sur une étagère

「棚に上げる」

単に棚の上に置くならmettreで言えます。

***Mettez* ces vases sur l'étagère.** これらの花瓶を棚の上に置いてください。

慣用表現「自分のことを棚に上げる」はne pas tenir compte de ses défauts(自分の欠点を考慮しない)と言います。

lever + 名詞句(もの)

「上げる」「持ち上げる」 類義 soulever, remonter 対義 baisser

***Lève* un store.** ブラインドを上げて。 類義 hausser

Il faut *lever* la manette. レバーを上げねばなりません。

Il *a levé* le marteau. 彼はハンマーを振り上げた。

***Levons* l'ancre !** 錨(いかり)を上げよう。 参考 jeter l'ancre : 錨をおろす

lever son verre **「(自分の)盃を上げる」「乾杯する」**

Allons *lever notre verre* à la santé [au succès / en l'honneur] de M. Dubois.
デュボワさんの健康を祈って[ご成功を祝して / 敬意を表して]乾杯をしましょう。

lever + 名詞句(身体部位)

「上げる」 類義 (re)dresser 対義 baisser

Il *a levé* les yeux. 彼は目を上げた。

参考 Il *a haussé* les sourcils. 彼は(驚いて)眉を上げた。

Il ne *lève* pas la tête de son livre. 彼は本から顔を上げない。

Il n'a pu que *lever* les épaules. 肩をすくめるしかできなかった。 類義 hausser

***Levez* les mains ! (= Haut les mains !)**
手を上げろ！ ＊「ホールドアップ」です。

下記は、似て非なる表現です。

Il *a levé* les bras. 彼は両手を上げた[勝利のしぐさ]。

Il *a levé* les bras au ciel. 彼は天に向けて腕を上げた[絶望、憤慨など]。

その他にもさまざまな「手を上げる」があります。

Avant de parler, *levez* le doigt. 発言する前にまず手を上げてください。

フランス人は人差し指を上げます。手を上げることもあります。

Il *a levé* la main avant de poser sa question.

質問をする前に彼は手を上げた。

Il *a levé* la main droite et a dit : « Je le jure. »

彼は右手を上げ、言った。「誓います」。　＊この場合、肘から上を上げます

Il ne *lève* jamais la main sur un autre. 彼が人に手を上げることは絶対ない。

augmenter + 名詞句（価格・値段・程度など）

「〜をあげる」「増やす」 類義 élever, hausser　対義 diminuer, baisser

On *a augmenté* le prix du gaz. ガス代が値上げされた。

Ils ne veulent pas *augmenter* le salaire. 当局は給料を上げたがらない。

Il *a augmenté* la vitesse. 彼はスピードをあげた。 類義 accélérer

Il faudrait *augmenter* la capacité de mémoire sur mon ordinateur.

私のコンピュータの記憶容量を増やす必要があるようだ。

La tension peut *augmenter* quand on prend du poids.

太ると血圧が上がりやすい。

monter, lever, augmenter, hausserの使い分け

上述のさまざまな表現を見ると、これらの動詞の他動詞用法にはそれぞれ特徴が感じられます。

monter は「対象全体の位置を上方に移す」ことが基本になっています。

lever は「対象の一端が固定されていて、それ以外の部分を上方に引き上げる」ときに多く用いられます。

augmenter は「数量を増加させる」ことに重点があるようです。

hausser はleverとaugmenterの使用範囲をカバーしますが、自動詞用法ではaugmenterのほうがよく使われます。hausserで作られるさまざまな比喩表現は古くなりました。

練習問題 23

A 日本語の意味に合うように、適切な語を選びましょう。

1. Il est monté (ⓐ dans　ⓑ en) un taxi. 彼はタクシーに乗った。
2. On est montés (ⓐ dans　ⓑ en) avion. 我々は飛行機に搭乗した。
3. Montez (ⓐ à　ⓑ sur) cheval. 馬に乗りなさい。
4. La température (ⓐ a　ⓑ est) monté de trois degrés. 温度が3度上がった。
5. La température (ⓐ a　ⓑ est) montée à 40°. 温度は40度に上がった。
6. La Seine a (ⓐ augmenté　ⓑ monté). セーヌ川は水位が上がった。
7. L'eau a (ⓐ augmenté　ⓑ monté). 水道代が値上がりした。
8. La tension (ⓐ augmente　ⓑ monte) souvent le matin.
   血圧はしばしば朝上がる。
9. Tu (ⓐ lèveras　ⓑ monteras) ce bagages au grenier.
   この荷物を屋根裏部屋に持って上がってくれ。
10. Il a (ⓐ levé　ⓑ monté) la tête. 彼は顔を上げた。

B 日本語に訳しましょう。

1. Les prix ont monté en flèche.
2. Devant le public, tu as le trac ?
3. J'aime monter sur un arbre.
4. Une colonne de fumée s'élève.
5. Ils ont augmenté le salaire de Jean.
6. Ne lève pas la main sur un ami.

11 「おりる・さがる・さげる」動詞

「ある場所からより低いところへの移動」を表す動詞を中心にみていきます。

代表的な動詞はdescendreでしょう。monterの対義語であり、両者の用法はよく似ています。助動詞は、他動詞用法では常にavoir、自動詞用法では一般にêtreになります。

その他にbaisser, diminuerなどが同様の意味で用いられることがありますが、必ずしもその使用範囲は同じではありません。これらの助動詞は原則としてavoirです。

降りる・下がる・下る：descendre

主語（人・乗物など移動するもの）+ descendre

「降りる」「下がる」 類義 débarquer（助動詞avoir）

主語は人、乗り物など。自動詞用法なので助動詞はêtreをとります。

***Descendez* en toute hâte.** 大急ぎで降りなさい。

Vous *descendez* ? 降りますか？（→私は降ります。通してください）。

L'ascenseur *est descendu*. エレベーターが降りた・下がった。

L'avion commence à *descendre*. 飛行機は降下を始めた。

descendre +（de＋**名詞句**（場所））+（à / sur＋**名詞句**（場所））

de ～は基点・出発点を表し、à / sur ～は到達点または降りる場所を表します。

1)「(～から…に)降りる・下がる」

主語は人、生物、動くもの。

***Descends* de là !** そこから降りろ！

On *descend* de voiture [cheval / vélo]. 車[馬 / 自転車]から降りる。

Il *est descendu* au salon. 彼は客間に降りて来た・降りて行った。

Vous *descendrez* à la prochaine station. 次の駅で降りてください。

Ils *sont descendus* de la montagne. 彼らは山から下りた。

＊(re)descendre la montagneという他動詞用法もあります。

descendre à terre 「下船する」

次のような比喩的な慣用表現もあります。

(re)descendre sur terre 「現実に立ち戻る」(←地上に降りる)

***Redescends sur terre* et arrête tes bêtises !**

(夢や想像から)現実に戻って馬鹿なことはやめろ!

descendre dans la rue 「デモに参加する」(←街路に降り立つ)

Ils *sont descendus dans la rue* pour défendre leurs emplois.

彼らは雇用を守るためデモに参加した。

2)「〜南下する」「くだる」

主語は人です。

descendre du Nord au Sud 「北から南に下る」「南下する」

日本語同様、地図の配置のせいで、ある地点からより南の地点へ「下る」としばしば言います。ただし実際にはより高いところに移動するのに「下る」と言うのは混乱を与えます。また、地理的な配置とは関係なく、その土地や空間に対する価値判断からどちらが「上」かという価値判断が感じられることがあります。

On *descend* de Paris. パリから下る。

これはmonter à Paris「パリに上る」(p.144参照)ほどは言いません。しかしパリからの高速道路のことをvoie descendante「下り」と言うように、首都や大きな都市を上(中心)とする発想があります。

ただし鉄道の場合は、「下り線」をvoie impaireと言います。これは列車番号がimpair(奇数)だからということです。

descendre du front 「前線から下がる」「後退する」

この表現にも最前線を上とする発想が感じられます。

descendre + 名詞句(山・川・道・坂・階段など)

「〜を下りる」「下る」

より下方への過程をたどることを表します。他動詞用法なので助動詞はavoirです。

Nous *avons descendu* la rivière en canoë. 私たちは川をカヌーで下った。

***Descendons* l'escalier.** 階段を下りよう。

Ils *ont descendu* la montagne. 彼らは山を下りた。

＊(re)descendre de la montagneという自動詞用法もあります。

On *descend* une pente raide. 険しい坂道を下る。

descendre une rue（道を下る）は、ときに「建物の番地に沿って道を行く」ことを表すこともあります。

主語が「もの」の場合はどうでしょうか。

主語（道・坂・川など）+ descendre

「（道など）がくだる」「下り坂になる」 対義 monter

坂、道などを擬人化した比喩ともとれます。地理の説明によく見られます。

Le chemin *descend* en pente raide. 道は急勾配で下っている。

Cette route *descend* vers le centre de la ville. この道は中心街へ下っていく。

下がる : baisser, descendre, diminuer, tomber

主語（価格・温度・程度・量など）+ baisser / descendre / diminuer

「〜が下がる・減る」

descendre は「下降する」という意味合いが強く（対義 monter）、**diminuer** は「減少する」ことを表します（対義 augmenter）。

baisser は「低下する」ことで広く用いられます（対義 hausser）。

tomber も「急に下がる」「急落する」意味で用いられます（助動詞は être）。

Les prix *baissent* [*descendent* / *diminuent*]. 物価が下がる。

Les prix *sont tombés* à cause d'une baisse de la demande.
需要の低下のため、価格は急落した。

La note d'électricité *a baissé* ce mois-ci. 電気料金は今月下がった。

Le montant des salaires *a baissé* [*diminué*]. 給与の額が下がった。

La température *est descendue* [*tombée*] de 10 degrés.
気温は10度下がった。

La fièvre *est descendue* [*est tombée* / *a diminué*]. 熱は下がった。

La chaleur *a diminué* aujourd'hui. 暑さは今日下がった。

(Le niveau de) l'eau [Le fleuve] *baisse*. 水位が下がる。

La mer [l'eau] *descend*. 潮[水]が引く。

Le baromètre est tombé [(re)descendu, a chuté].
気圧計が下がった。

Le son *baisse*. 音量が下がる。 対義 monter

Le pouvoir d'achat *a diminué*. 購買力が下がった。

La proportion de films français *est tombée* à 30%.
フランス映画の比率は30%に下がった(落ち込んだ)。

La natalité *a baissé*. 出生率は下がった。

Ici, la circulation automobile *baisse* [*diminue*] de 3 % chaque année.
ここでは自動車の交通量は毎年3%下がって[減って]いる。

Ses notes *ont baissé* de plus en plus. 彼の成績はだんだんと下がった。

その他の「下がる」「降りる」をいくつか記しておきます。

Le soleil *descend* [*baisse* / *décline*]. 陽が下がる、傾く。

Le jour *baisse* [*décline* / *tombe*] vite. 日がすとんと暮れる。

La nuit *descend* [*tombe*] vers 19 heures. 7時ごろ、夜のとばりが下りる。

Le pantalon *tombe* [*glisse*]. ズボンがさがる。

Le rideau *tombe*. 幕がおりる。

下げる・降ろす : descendre, diminuer, baisser

他動詞用法でも各動詞におよそ次のようなニュアンスがあります。

descendre :「より下に置く」 対義 monter

diminuer :「減らす」 対義 augmenter

baisser :「低くする」 対義 lever, hausser

descendre / baisser + **名詞句**(もの) + (de + **名詞句**(場所))

「(～から)降ろす」「より下に置く」「下方に運ぶ」 類義 déposer

***Descendez* le tableau de quelques centimètres.**
絵を数センチ下げてください。

Il faut *descendre* un objet du grenier.
屋根裏部屋からあるものを降ろさないといけない。

Tu seras gentil de *descendre* la valise du placard.
戸棚からスーツケースを降ろしてくれないかな？

descendre / déposer + **名詞句**(人・もの)

「(乗り物から人・物を)降ろす」

Je vous *descends* devant chez vous. あなたの家の前で降ろします。

***Déposez*-moi devant la porte, s'il vous plaît.** 門の前で降ろしてください。

類義 **débarquer, décharger** は構文が多様です。

On *débarque* les voyageurs ici. ここで乗客を降ろす。

L'avion *décharge* ses passagers. 飛行機が乗客を降ろす。

On *décharge* un camion. トラックから荷を下ろす。

次の2文を比較してみてください。どちらも可能です。

On *décharge* les bagages du bateau. 船から(de ~)荷をおろす。

On *décharge* le bateau des bagages. 船から荷を(de ~)おろす。

baisser＋名詞句(身体部位)

「〜を下げる」「低くする」 対義 lever

具体的な身体動作が、比喩的に心理状態を象徴することもあります。身体部位にはabaisserは用いません。

Il *baisse* la tête. 彼はうなだれる・うつむく(←頭を下げる)。

比較 s'incliner : 挨拶する

Il *baisse* le nez. 彼はうなだれる・うつむく・恥じ入る(←鼻を下げる)。

Il a baissé les bras. 彼は降参した・断念した(←彼は腕を降ろした)。

(a)baisser / diminuer＋名詞句(価格、温度、程度、量など)

baisserとabaisserはほぼ同義で、baisserは一般的、abaisserはやや改まった文学的な感じがします。diminuerは「減らす」「少なくする」ことです。

On *a (a)baissé* le prix de l'essence.

ガソリンの値段が下げられた。 類義 diminuer

Ils *ont diminué* (le salaire de) Jean. 会社はジャンの給料を下げた。

***Abaissons* un peu la température.** 少し温度を下げよう。

Il faudrait *abaisser* du sol. 地面の高さを下げるべきかもしれない。

La banque *a (a)baissé* son taux de crédit sur les voitures.

銀行は自動車ローンの利率を下げた。 類義 minorer, réduire

Il *a (a)baissé* la note de cet élève. 彼はその生徒の成績・評価を下げた。

Faut-il *abaisser* l'âge scolaire ? 就学年齢を引き下げる必要がある?

Pourriez-vous *baisser* (le son [volume] de) la radio ?

ラジオの音量を下げてくださいませんか。 類義 réduire

***Baissez* la voix.** 声を低めなさい・ひそめなさい。 類義 adoucir

On *a baissé* la lumière. 光を弱めた・和らげた。 類義 adoucir, filtrer

その他さまざまな「さげる」「おろす」のいくつかを記しておきます。

Il faut *faire (re)tomber* la fièvre. 熱をさげないといけない。

On va *pendre* un rideau à la fenêtre. 窓にカーテンをさげよう・吊るそう。

***Reculez* la table.** テーブルを後ろへさげなさい。

Voulez-vous *desservir* (les plats). 膳(皿)をさげてください。

***Enlevez* [*Retirez*] la poêle du feu.** フライパンを火からおろして。

Je vais *raper* un radis. 私は大根をおろします。

On *a (a)baissé* le rideau. 幕をおろした。 対義 lever le rideau

***Abaisse* les voiles.** 帆をおろせ。

On va *jeter* l'ancre. 錨をおろそう。 対義 lever l'ancre

Il *a retiré* cent euros (de la banque). 彼は(銀行から)100ユーロおろした。

血圧の話

血圧 la tension [pression] artérielle は健康のバロメーターです。

La tension peut *augmenter* quand on prend du poids.

体重が増えると血圧が上がりやすい。

血圧が「上がる」は augmenter, monter、「下がる」は baisser, diminuer, chuter, réduire, décroître などが使われます。

La pression artérielle a brusquement *chuté*.

血圧が急に下がった。

血圧を「下げる」(réduire, faire baisser)のは、なかなかたいへんです。

Une activité physique régulière permet de *réduire* la tension.

規則正しい運動によって血圧を下げることが可能だ。

Ce remède est bon pour *faire baisser* la tension artérielle.

この薬は血圧を下げる効果がある。

血圧はわざわざ「上げる」とはあまり言いません。ただし「高血圧」は la tension élevée [forte] と動詞 élever の過去分詞形容詞を用います。×tension haute とは言いません。

練習問題 24

A 日本語の意味に合うように、適切な語を選びましょう。

1. Il (ⓐ a ⓑ est) descendu du manège. 彼は回転木馬から降りた。
2. Il (ⓐ a ⓑ est) descendu le fleuve. 彼は川を下った。
3. Les prix (ⓐ ont baissé ⓑ sont descendus) en un jour.
   一日で物価が下がった。
4. Sa fièvre commence à (ⓐ abaisser ⓑ diminuer). 熱は下がり始めている。
5. Il a (ⓐ abaissé ⓑ baissé) les yeux. 彼は目を伏せた。
6. (ⓐ Baissez ⓑ Diminuez) la radio. ラジオの音を下げなさい。

B 日本語に訳しましょう。

1. Descends de l'arbre !
2. Ses notes ont chuté au deuxième semestre.
3. Les prix des légumes ont baissé.
4. La rivière a baissé.
5. La nuit est déjà tombée.
6. Ils déchargent l'avion.
7. Le patron a décidé de diminuer le salaire de Julien.
8. Tes enseignants envisagent d'abaisser sa note.
9. Il faut retirer la marmite du feu.
10. Je vais retirer de l'argent de la banque.

12 「あける・ひらく」動詞

「あける」は意味が広く、「開ける」「空ける」「明ける」などの漢字が当てられるように、さまざまな意味やニュアンスもあります。それらをフランス語ではどう表現するでしょうか。

開ける・開く：ouvrir

ouvrir + 名詞句

「(閉じて・閉まっているものを)開ける・開く」 対義 fermer

この意味で最も一般的に用いる動詞です。対象(目的語)は「閉じて(閉まって)いる」ことが前提です。

***Ouvre*(*z*) la porte [la fenêtre / le rideau].** ドア[窓 / カーテン]を開けなさい。

***Ouvrez* le livre à la page 118.** 本の118頁を開けなさい。

開くものによっては専用の動詞(類義語)をもつ場合もあります。

Elle *a ouvert* la lettre. 彼女は手紙を開いた。 類義 décacheter

Il *a ouvert* le colis. 彼は小包を開けた。 類義 déballer, dépaqueter

J'*ai ouvert* la bouteille. 瓶(の栓)を開けた。 類義 déboucher

Il *a ouvert* un journal. 彼は新聞を開いた・広げた。 類義 déplier

ouvrir + 名詞句(口・目など)

「(身体の部分を)開ける・開く」

***Ouvre* bien les yeux.** 目をちゃんと開けなさい。

Il *a ouvert* la bouche. 彼は口を開いた / 話し始めた。

ただし、「脚を開く」など**écarter**を用いるものもあります。

ouvrir son cœur (à + 人) **「(人に)心を開く」** 類義 s'ouvrir à + 人

比喩表現です。

Elle lui *a ouvert* son cœur. / Elle *s'est ouverte* à lui.

彼女は彼に心を開いた。

この表現から次のような形容詞が派生しています。

C'est un homme *ouvert*. / Il est toujours *ouvert*.

彼はオープン(な人柄)だ / 開けっぴろげだ。

ouvrir un magasin 「店を開く」「開店する」「営業する」

比較 自動詞用法(↓)

Nous *ouvrons* (*le magasin*) à 10 heures du matin.

午前10時に店を開けます。

ouvrir une succursale [un compte (dans une banque)]

「支店[口座]を開く・開設する」

***J'ai ouvert un compte à la* BNP Paribas.**

私はBNPパリバ銀行に口座を開いた。

日本語の「開ける」「開く」とはニュアンスが違うものもあります。

ouvrir + 名詞句(ガス・水道・電気など)

「出す」「つける」「使う」

Elle *a ouvert* l'eau. 彼女は(蛇口をひねって)水を出した。

***Ouvrez* l'électricité [la lumière / la télévision].**

電気[明かり / テレビ]をつけなさい。

開く : déplier, écarterなど

上にもいくつか類義語を挙げましたが、動作内容によっては異なる動詞も使われます。

déplier + 名詞句(羽根、脚など)

「(折りたたんだものを)開く・広げる」 対義 plier

Le papillon *déplie* ses ailes. チョウは羽根を開いている・広げている。

écarter + 名詞句(脚・指など)

「(一緒についているものを)開く・引き離す」

***Écartez* les jambes [les doigts].** 脚[指]を開きなさい。

créer une école [une chaire]

「学校[講座]を開く」「創設する」

Elle *a créé* une école culinaire. 彼女は料理学校を開いた。

tenir une conférence [une réunion]

「講演[会議]を開く・開催する」

Nous *tenons une réunion* le 12 juin. 6月12日に会議を開く。

organiser une exposition

「展覧会を開く・開催する」

Ils *ont organisé une exposition* de peinture. 彼らは絵画展を開いた。

donner un concert

「コンサートを開く・開催する」

On *donnera un concert* de rock le 3 juin.

6月3日にロック・コンサートが開かれる。

開く : (s')ouvrir

主語(もの) + ouvrir

「開(あ)く」

主語はドア、窓、店などで自動詞用法です。自発的・中立的な意味が感じられます。

Cette porte *ouvre* mal. この扉は開きにくい。

Ce magasin *ouvre* 24h / 24. この店は24時間開いている。

主語(もの) + s'ouvrir

「開(ひら)く」 類義 s'épanouir, éclore

主語はドア、窓、花、傷口などで、代名動詞の受身または自発的用法です。しばしば副詞(句)や状況補語と共に使われます。

La porte *s'est ouverte* tout à coup. ドアが突然開いた。

Les tulipes *se sont ouvertes*. チューリップが開いた。

類義語éclore は「卵がかえる」の意もあり、助動詞はêtreをとります。

主語(もの・こと) + lever le rideau

「(〜が)幕を開ける・始まる」 類義 commencer

演劇からできた表現です。ややおかしみも感じられます。

Le Tournoi de Roland-Garros *a levé le rideau*.

全仏オープンテニスが開幕した。

空ける：viderなど

「中身を空にする」ことですが、日本語では「開ける」と語源的に無関係ではないように思われます。

vider + 名詞句(容器・場所)

「空ける」「空にする」 対義 remplir

名詞句に入る「容器」はune bouteille(瓶・ボトル)、un verre(グラス)、un seau(バケツ)、une poubelle(ごみ箱)など、「場所」はles lieux(場所)、la place(広場)、une maison(家)、un appartement(アパルトマン)など。「瓶・グラスを空ける」は、中身を移す場合と飲み干す場合が考えられます。

On *a vidé* quatre bouteilles à nous trois.
我々3人で(ワインを)4本あけてしまった。

vider + 名詞句(中身)

「空にする」「捨てる」 対義 remplir

名詞句に入る「中身」はl'eau(水)、les ordures(ごみ)、les meubles(家具)など。

Il *a vidé* les ordures. 彼はごみを捨てた。

***Vide* l'eau de la baignoire.** 風呂のお湯を抜いて。

vider + 名詞句1(容器・場所) **+ de + 名詞句2**(中身・人)

「(中身・人を出して)、(容器・場所を)空ける・空にする」

Il faut *vider* la cave *de* tout ce qui l'encombre.
地下倉庫の邪魔なものを全部取り除かなくてはいけない。

s'absenter de + 名詞句(場所)

「〜を空ける」「留守にする)」

名詞句に入る「場所」はchez soi(自分の家)、son domicile(自宅)など。

参照 p.80「本来的代名動詞」

Elle *s'absente* souvent de chez elle. 彼女はよく家を空ける。

比較 vider [évacuer] une maison : 家をあける / 明け渡す / 立ち退く

faire [laisser / réserver] + 名詞句(空間) **(+ à 人)**

「(人のために)(場所を)空ける」

名詞句に入る「空間」はde la place(場所)、une place(席)、un espace(間隔)、une page(ページ)など。

***Faites-moi* une petite place.** (私のために)ちょっと場所を空けてください。

Il *laisse* toujours une page en blanc.

彼はいつも1ページ空けて(白紙にして)おく。

dégager + 名詞句(場所)

「(邪魔なものを取り除いてその場所を)空ける」

***Dégagez* le passage.** 道を空けてください。

***J'ai dégagé* le bureau pour écrire.** ものを書くために机上をあけた。

percer (+ 名詞句(場所)**)**

「(〜に穴を)開ける・通す」 類義 faire un trou

Ils *ont percé* le mur. 彼らは壁に穴を開けた。

percer + 名詞句(穴・窓・道など)**(+ dans + 名詞句**(場所)**)**

「(〜に)(穴・窓・道などを)開ける」

On va *percer* un tunnel dans la montagne. 山にトンネルを通す予定だ。

(se) réserver + 名詞句(時間)**(+ à 人)**

「(人のために)(自分の時間を)空ける・空けておく」

名詞句に入る「時間」はun jour, une journée, un soirなど。

Je te *réserverai* ce soir. 今夜は君のために空けておこう。

***Réservez-vous* dimanche prochain.** 今度の日曜日、空けておいてください。

Faites-moi une petite place.

明ける : se lever, commencer, finirなど

「(期間・時期などが)終わる」「始まる」など正反対の意味を含んでいます。しかし日本語でよく使われるのは「夜が明ける」でしょう。

Le jour *se lève* 夜が明ける / 明るくなる

類義 Il fait jour. 対義 Il fait nuit.

se leverを使うのはLe soleil se lève.「日が昇る」の類推でしょうか。

L'année *commence.* 年が明ける(＝始まる)

類義 se renouveler

La saison des pluies *s'est terminée.* 雨期・梅雨が明けた(＝終わった)

類義 prendre fin

finir le deuil de＋人 (人の)喪が明ける(←終える)。

主語は人です。

Il *a fini le deuil* de son père. 彼は父の喪が明けた。

sortir d'apprentissage 年季・見習い期間が明ける(＝～から出る)(←終える)。

主語は人です。

Il *est sorti d'*apprentissage avec son diplôme en poche.

彼は卒業証書を得て修業期間が明けた。

ne pas pouvoir se passer de＋名詞句(もの)

「(～なしには)夜も日も明けない」

主語は人。「～なしにはいっときもいられない」「～がなくてはならない、必要不可欠だ」という意味です。「明けない」は「空けない」かもしれません。

p.62の〈se passer de＋名詞句〉も参照。

Je ne peux pas me passer de cela.

それなしには夜も日も明けない(それがなければ少しの間も過ごせない)。

練習問題 25

A 日本語の意味に合うように、適切な動詞を選びましょう。

1. Il (ⓐ n'ouvre ⓑ ne s'ouvre) pas son cœur à son beau-père.
   彼は義父に心を開かない。
2. Elle (ⓐ a ouvert ⓑ s'est ouverte) à ses collègues.
   彼女は同僚に心を開いた。
3. Il a (ⓐ déplié ⓑ écarté) la carte de la France.
   彼はフランスの地図を広げた。
4. Nous (ⓐ donnons ⓑ ouvrons) un concert le mois prochain.
   私たちは来月コンサートを開く。
5. Les fleurs (ⓐ ont ouvert ⓑ se sont ouvertes). 花が開いた。
6. Il a (ⓐ ouvert ⓑ vidé) deux bouteilles en une heure.
   彼は1時間で2本を空けた。
7. Il faut (ⓐ faire ⓑ ouvrir) un trou dans ce mur.
   この壁に穴を開ける必要がある。
8. (ⓐ Absentez-vous ⓑ Évacuez) votre appartement avant la fin de ce mois.
   月末までにアパルトマンを明け渡してください。
9. Il lui a (ⓐ dégagé ⓑ fait) une place. 彼は彼女に場所を空けた。
10. Il (ⓐ laisse ⓑ réserve) le week-end à ses enfants.
   彼は子供たちのために週末を空けている。

B 日本語に訳しましょう。

1. Dès son retour, elle a ouvert la lumière.
2. Après avoir commandé un café, il a déplié le journal.
3. Vous viderez le studio de tous vos meubles.
4. Dégagez cette salle.
5. La saison froide a pris fin.
6. Elle ne pouvait pas se passer de gâteaux dans son enfance.

13「閉める・閉じる・閉まる」動詞

「しめる」には「閉める」「締める」、「とじる」には「閉じる」「綴じる」などの漢字と意味が考えられ、語源的にも関係がありそうなのですが、ここでは、あまり話を拡大せず、「閉める」「閉まる」「閉じる」にしぼって見ることにします。これらもフランス語のさまざまな動詞が対応する可能性があります。

閉める・閉じる：fermer, clore, finir, acheverなど

fermer + 名詞句

「(開いているものを)閉じる・閉める」 対義 ouvrir

fermer un livre [la porte / le tiroir] 本[戸 / 引き出し]を閉じる

fermer les yeux [la bouche] 目[口]を閉じる

***Fermez* la bouche !** 黙りなさい！（←口を閉じなさい）

***Ferme* ta gueule !** (= Ta gueule !) 黙れ！ / うるさい！ ＊くだけた表現

(re)fermer le couvercle

「ふたを閉じる」

refermerはただ「閉じる」のではなく「元に戻す」というニュアンスです。ただし「回して閉める」ときはvisser le couvercleとも言います。この動詞はvis（ネジ）から来ています。

***Ferme* [*Visse*] *le couvercle* de la casserole [bouteille] .**
なべ[ビン]のふたを閉じて。

比較 *Couvre* la casserole. なべを閉じて。

clore [terminer / lever] la séance

「会を閉じる・終える」

cloreは「囲む」「閉じる」というのが本来の意味ですが、「囲む」の意味は古くなり、「閉じる」は書き言葉です(p.166コラム参照)。leverは「取り除く・解除する」という意味に由来すると思われます。

finir [achever] sa vie / ses jours

「生涯を閉じる」

Gauguin *a fini* [*achevé*] sa vie aux îles Marquises.
ゴーギャンはマルケサス(マルキーズ)諸島で生涯を閉じた。

Il *a fini* [*achevé*] sa vie dans la pauvreté. 彼は貧困の中でその生涯を閉じた。

主語(もの・こと) + baisser le rideau

「(〜が)幕を閉じる」 類義 prendre fin, se terminer 対義 lever le rideau

比喩表現です。

Depuis que mon magasin *a baissé le rideau* définitivement, je suis au chômage. 店が閉じて以来、私は失業中だ。

閉まる : (se) fermer

主語(もの) + fermer

「閉まる」 対義 ouvrir

主語は店・施設、ドア・窓・箱など。自動詞用法です。店・施設では中立的な意味が感じられます。他方、ドア・窓・箱などでは自発的な意味が感じられ、しばしば否定文で、または副詞(句)・状況補語を添えて用いられます。

Les banques *ferment* le samedi. 銀行は土曜日に閉まります。(中立)

La porte ne *ferme* plus. 戸が閉まらなくなった。(自発)

主語(もの) + se fermer

「閉まる」「閉ざされる」 対義 s'ouvrir

主語はドア、窓、国境など。代名動詞の受身または自発的用法です。しばしば副詞(句)や状況補語と共に使われます。

La porte *s'est fermée* toute seule.
窓がひとりでに閉まった。(自発)

Les frontières *se sont fermées* aux étrangers.
国境は外国人に閉ざされた。(受身)

練習問題 26

A 日本語の意味に合うように、適切な動詞を選びましょう。

1. On a (ⓐ arrêté ⓑ levé) la réunion. 会議を終えた。

2. L'entrée (ⓐ ferme ⓑ s'est fermée) aux jeunes gens.
 入場は若者には閉ざされている。

B 日本語に訳しましょう。

1. Il a fini ses jours le 28 octobre.
2. Cette fenêtre ferme mal.
3. Sa vie tourmentée a baissé le rideau.

La séance est levée

会議を「始める」はouvrirの他にentamer(取りかかる)があります。

Le président *a ouvert* [*a entamé*] la séance. 議長は会議を始めた。

会議を主語にして「始まる」はcommencer, débuter, démarrerを使います。

La séance [La réunion] *commence* [débute / démarre].

一方、「会議を閉じる」はlever la séanceと言います。このleverは「取り除く・解除する」という意味に由来します。しかしclore, clôturer(閉じる)、terminer(終える)もあり、これは日本語と近いと言えます。cloreやclôturerはもともと「囲む」という意味があり、そこから「閉じる」「閉める」という意味が生じました。

Il a communiqué les résultats annuels avant de *clôturer* la séance.
彼は会議を閉じる前に年間の成果を報告した。

会議を主語に「会議が終わる」と言うときは、fermer, finir, terminerを用います。

La séance [La réunion] *ferme* [*finit* / *termine*].

開会・閉会のとき、議長は次のように言うことがあります。

La séance *est ouverte*. これより開会します(←会議は開かれた)。

La séance *est levée*. これにて閉会します(←会議は閉じられた)。

というわけで、本書もこのへんで「お開き」にしたいと思います。

練習問題解答

第1章　基本動詞を使いこなす

練習問題1（p.13）

A 1. ⓐ Ce dictionnaire est（à）moi.　2. ⓒ Elle est（pour）cette proposition.　3. ⓑ Je suis（de）ce quartier.　4. ⓒ Je n'y suis（pour）rien.　5. ⓑ La distance est（de）10 km.　6. ⓒ C'est seulement（pour）regarder.　7. ⓐ Des erreurs sont（à）éviter.
8. ⓒ Je ne suis pas（pour）continuer cette méthode.　9. ⓐ Ma mère est maintenant（à）traduire un roman français.　10. ⓒ Ils étaient（pour）sortir.

B 1. このアパルトマンは貸家です。売家ではありません。　2. 私の夏休みは2ヵ月です。　3. 法は我々の味方だ。　4.「ご出身はどちらですか？」「南フランスです」　5. 彼の話は確かめる必要がある。　6. 出かけようとしていた時に、誰かがドアをノックした。　7. 少しお待ちください。10分もしたらご用を伺いますから。　8. 10キロの距離なんて、私にはなんでもない。

練習問題2（p.19）

A 1. Ce tableau（est）à achever en trois mois.　2. Elle（n'a plus qu'）à s'enfuir.　3. Tu（n'as qu'）à m'offrir un repas.　4. Vous（avez）à lui rendre ce livre.　5. Vous（n'avez pas）à m'apporter de cadeau.

B 1. ⓖ Il n'y a（rien à）blâmer.　2. ⓑ Il n'y a（pas de）dessin dans ce livre.
3. ⓐ Il n'y a（pas à）le copier.　4. ⓓ Il n'y a（plus à）nettoyer.　5. ⓕ Il n'y a（qu'à）photocopier.　6. ⓒ Il n'y a（pas de quoi）rire.　7. ⓔ Il n'y a（plus qu'à）se résigner.

C 1. 私は、学業を続けるためにお金を稼がねばならない。　2. もし質問があれば、手を挙げるだけでけっこうです。　3. あとは結果を待つだけだ。　4. 愛にもいろいろある。　5. 私たち二人の間で、何もかも説明する必要はない。　6. それを飲み込みさえすればよい。　7. 怒る（ほどの）ことはない。

練習問題3（p.27）

A 1. ⓐ Ce bijou（fait bien）sur cette robe.　2. ⓒ Elle（ne ferait pas mal）de marcher plus gracieusement.　3. ⓑ Il（fera mieux）de partir sans mot dire.

B 1. ⓒ Il fait（mauvais）être trempé sous la pluie.　2. ⓑ Il fait（bon）se promener dans la forêt.　3. ⓐ Il ferait（beau）voir qu'elle soit encore en vacances.　4. ⓕ Merci, monsieur. –（Ce n'est rien）.　5. ⓓ C'est tout ? − Oui.（Ça fait combien）?　6. ⓔ Je m'excuse d'être en retard. −（Ça ne fait rien）.

C 1. 彼女は裕福そうに見えた。　2. 居間にある絵は玄関にかけたほうがもっと映えるだろうに。　3. 母親がいないので、その赤ん坊は泣いてばかりいる。　4. その子はサッカーばかりしているわけではない。サイクリングも好きだ。　5.「あなたは能力がありますね」「持ち合わせたもので何とかやっています」　6. 彼女はこの映画を見たばかりだ。

練習問題4（p.33）

A 1. ⓑ À cause du froid, elle a pris（du mal）.　2. ⓒ Il va bien ? – Non. Il a fini par prendre（froid）.　3. ⓓ Vous prenez（mal）ma parole.　4. ⓐ Il a（bien）pris la plaisanterie.

B 1. 彼は2時間ごとに一息入れる。 2.「もし宝くじに当たったらどうしますか？」「私は2、3年休職して、世界旅行でもします」 3. 彼はたばこをやめることにした。 4. 花瓶を壊さないように気をつけなさい。 5. 彼女は彼を芸術家だとみなしている。 6. 君は自分を何様だと思っているのか。 7. 君はいったいどうしたんだ？(＝なんて気まぐれなんだ) 8. 彼女に突然喜びが込み上げた。 9. 私はあなたにおいとまを言いに参りました。 10. 皆は私たちを取違えている。

練習問題5（p.37）
A 1. ⓕ Cette ligne a été mise (en service) l'année dernière. 2. ⓑ Il se met toujours (à l'aise). 3. ⓔ Ils ont mis ce point (en question). 4. ⓓ Ne vous mettez pas (en colère). 5. ⓐ On a mis (à jour) le scandale concernant ce politicien. 6. ⓒ Tu mettras cette lettre (à la poste).
B 1. 帽子かぶりなさい。 2. 私は車を動かす（修復する）ことができなかった。 3. 彼女は2週間かけてセーターを編んだ. 4. 10年前にフランス語の勉強を始めた。 5. すぐに仕事にとりかからなくては。 6. 彼女はバラール氏をルブラン氏の左側に座らせた。 7. この新道は4月に開通する。 8. どこに身を置いたらいいかわからない(＝恥ずかしくて身の置き所がない)。

練習問題6（p.42）
A 1. ⓖ Ça te va (mal). 2. ⓐ Cette vitre va (au) feu. 3. ⓔ Il va (de soi) que la science nous sert beaucoup. 4. ⓕ Je ne peux pas aller (jusqu'à) vous satisfaire. 5. ⓑ La couleur bleue va bien (avec) la couleur orange. 6. ⓗ La vie de cette machine va (sur) sa fin. 7. ⓒ Le 15 mars te va (bien) ? 8. ⓓ Votre opinion va (contre) le courant.
B 1.「具合悪いの？」「ううん、だいじょうぶ」 2.「よくなった？」「そのうちよくなると思う」 3. 君らしくないよ、そんなふうに言うのは！ 4. 私はあなたが間違っているとまで言うつもりはありません。 5. 言うまでもなく、インターネットは我々に多くの情報を提供している。 6. 革命と言うまではいかなくとも、その実験の成功は、人類の進化にとっての一歩かもしれない。

練習問題7（p.47）
A 1. Le roi vint (à) passer. 2. Mon livre vient (de) paraître. 3. Quand les vivres viennent (à) manquer... 4. Venons-en (à) la question.
B 1. ⓑ D'(où) vient cette erreur ? 2. ⓒ Il pleut depuis trois jours, de (là) vient que Jeanne est de mauvaise humeur. 3. ⓐ J'(en) suis venu maintenant à regarder le monde comme un spectacle. 4. ⓓ Vous (y) venez.
C 1. 報告書はできたかね？ 2. どうしてこの方はこんなに怒っているのだろう？ 3. 書いていると言葉がどんどんわいてくるのだった。 4. 彼らはとうとう極端な手段（暴力）になった。 5. 憐れみの気持ちが彼(女)の心に生じた。 6. ほら、嵐がやってきた。

練習問題8（p.53）
A 1. ⓓ Il a eu un accident, et il (y) est resté. 2. ⓐ Il nous reste (à) le publier. 3. ⓒ Il restait (sur) une victoire. 4. ⓑ Hier, nous (en) étions resté à la page 36.
B 1. ⓒ Il faut en rester (là) de cette discussion inutile. 2. ⓐ Il reste beaucoup (à)

écrire dans ce livre.　3. ⓑ Reste à savoir (combien) de personnes sont là.
4. ⓓ Reste à savoir (s') il a la capacité de le faire.
C 1. 皆あなたが好きだ。とはいえ、あなたが間違っていることは変わらないが。
2. 売らなければならないものがそれほどたくさんあった。　3. まだ明治時代を知っている人が残っている。　4. 彼は（鯉のように）黙りこくったままだ。　5. トラブルにもいろいろあった。とはいえ、すべて私には関係のないことだったが。　6. 私はその言語の知識については初心者どまりだ。　7. いい子でいなさいよ。

練習問題 9（p.57）
A 1. ⓐ Faites attention à ne pas marcher (dans) une flaque d'eau. 2. ⓒ Il faut marcher (sur) le trottoir pour éviter les voitures.　3. ⓑ Ils marchent (sous) la pluie.　4. ⓒ Ne marche pas (sur) mes pieds.
B 1.　ⓑ Cette machine marche (de mieux en mieux).　2.　ⓒ Elles marchent (l'une après l'autre).　3. ⓓ Mon micro marche (mal) depuis deux jours.　4. ⓔ Paul marche (rapidement).　5. ⓐ　Ses études marchent (bien).
C 1. そんなばかな。ぼくをかつごうとしてるな！　2. このスイスの腕時計はとても調子がいい。　3. 彼女は病気になった。治療を受けたが、効果はなかった。　4. 彼はその企てに乗った。　5.「事業の調子はどうですか？」「あんまりよくないんですよ」
6. 地下鉄は今日は動かない。ストです。

練習問題 10（p.62）
A ⓐ Il a passé son temps (à) voir des DVD.　2.　ⓓ Je ne peux pas me passer (de) vous.　3. ⓑ L'argent passe (après) la vie.　4. ⓒ Le peuple passe (avant) la nation.
5. ⓔ Passez par une agence (pour) avoir le billet.　6. ⓕ Je passe (sur) tes fautes.
B 1. ⓒ Elle (passe) pour intelligente.　2. ⓔ Elle (se prend) pour une naïve.　3. ⓓ Il (se fait passer) pour naïf.　4. ⓐ Il (la fait passer) pour une artiste.　5. ⓑ Il (la prend) pour une menteuse.
C 1. 彼女は優勝したという評判だ。　2. アンリはこの村の顔役（名士）として通っている。　3. からかうのはまだいいが、暴力は我慢できない。　4. 彼女の夫は息子としても通るかもしれない。　5. 万事好調だ。　6. 食べないでいられますか？

第2章　代名動詞を使いこなす

練習問題 11（p.70）
A 1. 彼女は青あざを作ってしまった。　2. 彼女はいつも幻想を抱いている。　3. ローマは一日にして成らず（諺）。　4. その型式はもう時代遅れだ。　5. チーズはもう熟成した。6. 彼も歳だ（老いた）。　7. 彼は先生になった。　8. スズメがすっかり珍しくなってきた。　9. 私の目は暗闇に慣れた。　10. 私はそれになじんでいない。
11. 私はそれについていつも心配している。　12. 私は友人に手伝ってもらった。
13. 彼女は地下鉄で財布を盗られた。　14. 私は学校でおしゃべりのために罰せられた。15. 彼は同僚と交代させられるだろう。　16. 彼はこのポストに任命された。
17. その老医師は皆から尊敬されている。

練習問題 12（p.79）
A 1. ⓑ Elle ne (se doute) pas de ses torts.　2. ⓐ Je (doute) de son amour pour moi.

3. ⓐ Il ne (doute) pas de ma fidélité. 4. ⓑ Il (soupçonne) notre complot. 5. ⓑ Cet ordinateur (sert de) chauffage en hiver. 6. ⓐ Cette machine (sert à) traduire le français en japonais. 7. ⓒ Il (se sert du) dictionnaire pour traduire. 8. ⓑ Je (ne m'attendais) pas à ce résultat. 9. ⓑ Nous avons essayé (d') ouvrir la boîte. 10. ⓐ Il (a refusé) de payer. 11. ⓑ Il (s'est décidé) à acheter cet appartement. 12. ⓐ Le temps (risque) de changer. 13. ⓑ J'approche (de) la quarantaine. 14. ⓑ (Approche-toi) un peu.

練習問題 13 (p.84)
A 1. 私は甘いものを控えている。 2. 不運が彼につきまとっていた。 3. 彼は道草を食っている。 4. 私はルコック氏の健康について尋ねた。 5. 私の心配は消え失せた。 6. 知らない人に用心しなさい！ 7. 私をからかわないでください。 8. 彼らは政府に反抗した。 9. あなたはこの間違いを後悔するでしょう（＝悔いなさい）。 10. 私はその旅行のことをよく覚えている。

第3章　動詞のニュアンスを使いこなす

練習問題 14 (p.93)
A 1. ⓑ Il est sept heures. Je (pense) qu'elle est déjà partie. 2. ⓐ Je (crois) que tu es content avec ta famille. 3. ⓐ J'(ai l'impression) qu'il a du génie. 4. ⓐ Je (juge) que ce logiciel est dangereux. 5. ⓑ Je (trouve) que ce film est épouvantable.
6. ⓐ Je (considère) que cette histoire n'est pas vraie. 7. ⓐ J'(espère) que tout le monde aura une bonne note. 8. ⓑ J'(imagine) que nous serons plus heureux au 22e siècle. 9. ⓑ Je (suppose) qu'il réussira à l'examen. 10. ⓐ Je (pense) qu'il neigera tôt ou tard. 11. ⓑ Le professeur a (jugé) ce travail remarquable. 12. ⓐ On me (considère) comme responsable. 13. ⓐ Ses larmes étaient sincères, je (crois).

練習問題 15 (p.100)
A 1. ⓐ Ça me (regarde) un peu. 2. ⓑ Elle le (voit) souvent. 3. ⓐ Il le (regarde) attentivement. 4. ⓑ J'ai (vu) hier un vieil ami. 5. ⓐ Je (regarde) le panda comme un symbole de la Chine. 6. ⓑ Ne riposte jamais ! – Je (vois). 7. ⓐ (Regardez) voir ! 8. ⓑ Tu as déjà (vu) ce paysage ? 9. ⓑ Vous (voyez), elle pense quitter le pays. 10. ⓐ (Comptez) mille euros pour le voyage. 11. ⓑ Elle a pris congé pour (s'occuper de) ce malade. 12. ⓐ Elle m'a (fixé) sans rien dire. 13. ⓑ Il a (jeté un coup d'œil sur) le dossier. 14. ⓐ Il (consulte) les offres d'emploi tous les jours. 15. ⓑ Je suis resté longtemps à (contempler) ce paysage exceptionnel 16. ⓑ On m'a (examiné) la plaie. 17. ⓐ Vous avez (fait) de beaux rêves ?

練習問題 16 (p.106)
A 1. ⓐ Il entend (dire) que son père vit en Mongolie. 2. ⓐ Je ne vous (écoute) pas. Je ne le veux pas. 3. ⓑ Je n'(entends) jamais parler d'elle ces derniers jours. 4. ⓑ Vous m'(entendez) bien ? 5. ⓐ Tu sais nager ? – (Bien entendu) ! 6. ⓑ Vous pouvez m'apporter une carafe d'eau ? – (Entendu) ! 7. ⓐ Il m'a (demandé) si j'étais libre le lendemain. 8. ⓑ Il me (pose) toujours la même question. 9. ⓑ Ils l'ont (interrogé) sur sa famille. 10. ⓐ Ils lui ont (demandé) l'heure.

B 1. 彼女はアフリカで働いている息子の消息をめったに聞かない。 2.「アペリチフにキールを注文します」「承知しました！」 3.「入っていいですか？」「もちろんです！」 4. 彼らは簡単に当局の言うことを聞く。 5. 私はその地区の環境について聞いた（調べた）。

練習問題 17（p.115）
A 1. ⓐ（Dire）que tu as fait cette thèse en un an ! 2. ⓐ（Dis）merci à ce monsieur. 3. ⓑ Elle（raconte）son enfance. 4. ⓐ Elle ne fait que（bavarder）. ＊ causer は話題に重点があるので、この文のニュアンスには合いません。bavarder はとりとめのない行為に重点があります。 5. ⓐ Ici, on（dirait）Ginza. 6. ⓑ Il dit que je（prenne）mon parapluie. 7. ⓑ Il a（parlé）d'aller en France apprendre le français. 8. ⓐ On m'a（dit）d'aller en France apprendre le français. 9. ⓐ On parle（de）rapport qualité prix ces jours-ci. 10. ⓑ La classe a（discuté）le problème des brimades. 11. ⓐ Ça veut（dire）quoi ? 12. ⓑ Vous（parlez）de quoi ?
B 1. それに何か覚えがある？ 2. ある人たちはビジネスの話を、ある人たちはスポーツを、またある人たちはファッションの話をしている。 3. 私たちは彼の昇給について議論した。 4.「駐車禁止」とはここに車をとめてはいけないということです。 5. 一杯やるのはどう？

練習問題 18（p.121）
A 1. ⓐ Je（connais）les gens de ce village. 2. ⓑ Je（sais）me servir de cette machine. 3. ⓑ Dieu（sait）si on nous l'a fait exprès. 4. ⓑ Il y a Jeanne qui a eu un accident de voiture. – Je ne le（savais）pas. 5. ⓐ Il y a une certaine Joanna dans ta classe ? – Oui, mais je ne la（connais）pas bien. 6. ⓑ Cette machine est très compliquée. Je ne（sais）pas la manipuler. 7. ⓑ Tu（sais）Marie folle de rap ? 8. ⓐ Tu viendras chez moi ce soir ? – Je ne le（peux）pas. 9. ⓑ Son père ne（sait）que lui donner. 10. ⓑ Vous（savez）par hasard où se trouve le zoo ?
B 1. 彼女が何をしたいのか、彼はよくわからない。 2. 叫び声が聞えるのに私はどうしていいかわからない。 3. ひとつ教えていただけますか？ 4. そんな場合どう言ったらいいか知ってる？ 5. 彼のメールアドレスを知ってますか？

練習問題 19（p.125）
A 1. ⓑ Il（étudie）à Paris. 2.ⓑ Tu（travailles）bien ? 3.ⓐ Quelle langue（apprenez）-vous ? 4. ⓐ J'（apprends）à faire la cuisine. 5. ⓑ Elle（étudie）la vie d'un écrivain japonais. 6. ⓐ Il a（appris）que le ministre avait démissionné. 7. ⓐ（Apprenez）ce poème par cœur. 8. ⓐ Il a（préparé）son examen. 9. ⓑ Tu dois（travailler）ton smash. 10. ⓑ Il faut（étudier）ce problème à fond.
B 1. 彼は泳ぎを習っている。 2. 我々はマリから彼が死んだことを知った。 3. いくつかレシピを教えてくれない？ 4. 彼女はミツバチの生態を研究している。 5. 私はソルボンヌ大学でドゥセ教授の指導のもとに物理学を研究した。 6. もっと勉強するしかないよ。 7. この生徒たちは勉強するためのモチベーションがない。 8. 君は充分に数学の勉強をしなかったね。

練習問題 20（p.130）
A 1. ⓑ（Venez）chez moi ce soir. 2. ⓐ Il n'y a plus de pain. Tu peux（aller）à la

boulangerie ? 3. ⓑ La balle a ricoché sur le mur et elle est (revenue) à mes pieds. 4. ⓐ Mon fils (rentrera) demain. 5. ⓑ Je n'ai pas assez d'argent sur moi, je vais (repasser). 6. ⓐ Elle a (regagné) son pays natal. ＊前置詞がないので、retourner は使えません。7. ⓐ (Va) chercher le journal. 8. ⓑ À table, Jean ! – Oui, je (viens). 9. ⓐ À mon (retour), j'ai trouvé ma chambre en désordre. 10. ⓐ Les enfants (rentrent) à l'école.

練習問題 21（p.138）

A 1. ⓑ Il (s'est mis) soudain à courir au milieu du couloir. 2. ⓐ On (a commencé) à courir dans le stade. 3. ⓑ Elle a (fini) de manger. 4. ⓐ Il a (cessé) de faire du jogging. 5. ⓐ J'ai (arrêté) de courir pendant 10 minutes. 6. ⓑ Les joueurs ont (fini) par se battre. 7. ⓐ Les lutteurs ont (commencé) par se serrer la main. 8. ⓐ Elle (en a fini) avec ses mauvais souvenirs d'enfance. 9. ⓑ On (n'en finit pas) de danser.
B 1. テレビを見ながら、彼女は笑い出した。 2. 彼は 90 歳で飲むのをやめた。 3. 彼女は 1 年間走るのをやめた。 4. 彼は 2 日でこの小説を読み終えた。 5. 彼らは最後にラ・マルセイエーズを歌った。 6. 彼女は彼と手を切りたかった。 7. 私たちはまず皿洗いからしなければならない。 8. 彼はいつまでたっても悪い習慣を続けている。

練習問題 22（p.143）

A 1. ⓑ Le matin, je (prends) le petit déjeuner à huit heures. 2. ⓑ Il (mange) tous les matins du pain et une omelette. 3. ⓑ Elle (mange) de la soupe à l'oignon. 4. ⓐ Elle (bois) de l'eau gazeuse. 5. ⓐ Il (mâche) lentement de la viande. 6. ⓑ Le chien lui a (mordu) la jambe. 7. ⓐ Le garçon (mordille) toujours son crayon. 8. ⓑ Le bébé (tète) son biberon. ＊ boire はこの日本語のニュアンスには合いません。 9. ⓑ Il (sirote) son pastis. ＊ consommer はこの日本語のニュアンスには合いません。
10. ⓐ Ils (consomment) deux kilos de beurre par mois pour faire des croissants.
11. ⓑ Je (prends) deux sortes de médicaments après le repas. 12. ⓐ Il a (avalé) une pièce de 1 yen. 13. ⓑ Elle a (ravalé) sa tristesse. 14. ⓐ J'ai dû (accepter) sa proposition. 15. ⓐ Cette machine (consomme) trop d'électricité.

練習問題 23（p.149）

A 1. ⓐ Il est monté (dans) un taxi. 2. ⓑ On est montés (en) avion. 3. ⓐ Montez (à) cheval. 4. ⓐ La température (a) monté de trois degrés. 5. ⓑ La température (est) montée à 40°. 6. ⓑ La Seine a (monté). 7. ⓐ L'eau a (augmenté). 8. ⓐ La tension (augmente) souvent le matin. 9. ⓑ Tu (monteras) ces bagages au grenier.
10. ⓐ Il a (levé) la tête.
B 1. 物価が急上昇した。 2. 人々を前にしてあがってる？ 3. 私は木登りが好きだ。 4. 煙の柱が立ちのぼっている。 5. ジャンの給料が上がった。 6. 友だちに手を上げては（暴力をふるっては）いけない。

練習問題 24（p.156）

A 1. ⓑ Il (est) descendu du manège. 2. ⓐ Il (a) descendu le fleuve. 3. ⓐ Les prix (ont baissé) en un jour. 4. ⓑ Sa fièvre commence à (diminuer). 5. ⓑ Il a (baissé) les yeux. 6. ⓐ (Baissez) la radio.

B 1. 木から降りろ！　2. 彼の成績は2学期に急に下がった。　3. 野菜の値段が下がった。　4. 川の水位が下がった。　5. 夜のとばりはすでに下りた。　6. 彼らは飛行機から荷を下ろす。　7. 上司はジュリアンの給料を下げることにした。　8. 君の先生たちは彼の成績を下げるつもりだ。　9. 鍋を火からおろさないといけない。　10. 私は銀行にお金をおろしに行く。

練習問題 25（p.163）
A 1. ⓐ Il (n'ouvre) pas son cœur à son beau-père.　2. ⓑ Elle (s'est ouverte) à ses collègues.　3. ⓐ Il a (déplié) la carte de la France.　4. ⓑ Nous (donnons) un concert le mois prochain.　5. ⓑ Les fleurs (se sont ouvertes).　6. ⓑ Il a (vidé) deux bouteilles en une heure.　7. ⓐ Il faut (faire) un trou dans ce mur.　8. ⓑ (Évacuez) votre appartement avant la fin de ce mois.　9. ⓑ Il lui a (fait) une place.　10. ⓑ Il (réserve) le week-end à ses enfants.
B 1. 帰るとすぐ、彼女は明かりをつけた。　2. コーヒーを注文した後、彼は新聞を開いた。　3. 家具をすべて出してワンルーム・マンションを空けてください。
4. この部屋を空けてください。　5. 寒い季節が明けた（終わった）。　6. 彼女は子供のころ、お菓子なしには夜も日も明けなかった（お菓子なしにはいられなかった）。

練習問題 26（p.166）
A 1. ⓑ On a (levé) la réunion. 会議を終えた。　2. ⓑ L'entrée (s'est fermée) aux jeunes gens. 入場は若者には閉ざされている。
B 1. 彼は10月28日にその生涯を閉じた。　2. この窓はちゃんと閉まらない。
3. 彼の波乱の人生は幕を閉じた。

参考文献

・Armengaud, F., (1985) *La pragmatique*. Paris : P.U.F. (Que sais-je? 2230)
・Arrivé, M. et al. (1986) *La grammaire d'aujourd'hui* : *guide alphabétique de linguistique française.* Paris : Flammarion.
・Benveniste, E. (1966) *Problèmes de linguistique générale*. Paris : Gallimard.
・*Bescherelle la grammaire pour tous*. (2006) Paris : Hatier.
・Brunot, Ch. (1926, 1965) *La pensée et la langue*. Paris : Masson.
・Dubois, J. & R. Lagane. (2001) *La nouvelle grammaire du français*. Paris : Larousse.
・Ducrot, O. et al. (1980) *Les mots du discours*. Paris : Minuit.
・Dupré, P. (1972) *Encyclopédie du bon français dans l'usage contemporain* : *difficultés. Subtilités. Complexités. Singularités*. Paris : Trévise. 3 vols.
・Genouvrier, E.et al. (1977) *Nouveau dictionnaire des synonymes.* Paris : Larousse.
・Gosselin, L. (2015) « L'expression de l'opinion personnelle « Je crois / pense / trouve / considère / estime que p » », *L'Information grammaticale* n° 144, janvier 2015, pp. 34-40.
・Grevisse, M. et al. (1980, 2011) *Le Bon usage* (11e, 15e éd.). Gembloux : Duculot.
・Martin, R. (1976) *Inférence, antonymie et paraphrase*. Paris : Klincksieck.
・Martin, R. (1988) « Croire que p / penser que p. » *Annexes des Cahiers de linguistique hispanique médiévale*, vol. 7, 1988. Hommage à Bernard Pottier. pp. 547-554.
・McBride, N. (1997) *Grammaire française*. Paris : Hachette.
・Poisson-Quinton et al. (2002) *Grammaire expliquée du français*.
・Robert, J.-M. (2002) *Difficultés du français. Des clés pratiques pour éviter et expliquer les pièges du français*. Paris : Hachette.
・Vinay, J.-P. & J. Darbelnet (1958) *Stylistique comparée du français et de l'anglais.* Paris : Didier.
・Yaguello, M. (2003) « La grammaire » *Le Grand Livre de la Langue française*. (Yaguello, dir.) Paris : Seuil. pp. 153-258.
・石野好一（1980）「動詞 rentrer, revenir 類の意味分析──意義素と discours ──」『フランス語学研究第 14 号』（日本フランス語学研究会）pp. 25-39.
・石野好一（1997）『フランス語の意味とニュアンス　──基礎から身につく表現力』第三書房
・石野好一（1998）『パターンで覚えるフランス基本熟語』白水社
・石野好一（2004 ～ 2005）「動詞のココロは無限大」（1 ～ 12）（連載）『ふらんす』（白水社）2004 年 4 月～ 2005 年 3 月
・石野好一（2007）『フランス語を知る，ことばを考える』朝日出版社
・石野好一（2014）『《改訂版》フランス語構文練習帳』第三書房
・石野好一（2014）「フランス語を知る ことばを考える──語彙の諸相──」『ことばの世界』第 6 号（愛知県立大学高等言語教育研究所年報）2014 年 3 月 pp. 41-69.
・石野好一（2017）『《改訂版》フランス語ニュアンス表現練習帳』第三書房
・石野好一（2017）『中級フランス語文法──フランス語をもっと知るために』駿河台出版社
・泉邦寿（1993）『フランス語の語彙と表現── 一歩進んだ意味の世界』バベル・プレス

・小内一編（2010）『てにをは辞典』三省堂
・加藤重広（2004）『日本語語用論のしくみ』研究社
・ギユマン, ファビエンヌ（2007）『フランス語のシッフル（数字）なんてこわくない！』駿河台出版社
・久野暲（1978）『談話の文法』大修館書店
・窪川英水（1994）『映画にみるフランス語口語表現辞典』大修館書店
・國分功一郎（2017）『中動態の世界 意志と責任の考古学』医学書院
・佐藤淳一（1994）「se mettre à / commencer à の意味価値について」（研究ノート）『フランス語学研究』第 28 号（日本フランス語学会）pp. 30-35.
・佐藤房吉（1990）『フランス語動詞論』白水社
・柴田武編（1976）『ことばの意味１～３』平凡社
・鈴木寛次（2000）『こんな英語ありですか？－謎解き・英語の法則』平凡社
・中村明（2014）『日本語のニュアンス練習帳』岩波書店
・林勝一（1988）『ゴールの雄鶏－ことばにみるフランス』筑摩書房
・メランベルジェ、G. / 大阪日仏センター編（1995）『宮沢賢治をフランス語で読む――翻訳の授業ライヴ――』白水社

例文資料

・*Dictionnaire Anglais-Français Larousse*.（Larousse, 2009, 2013. iPad application）
・*Dictionnaire des combinaisons de mot. Les synonymes en contexte*.（Paris : Le Robert. 2007.）
・*Dictionnaire du français contemporain.*（Paris : Larousse, 1971）
・*Dictionnaire du français langue étrangère. Niveau 2.*（Paris : Larousse, 1979）
・*Dictionnaire des prépositions françaises.* ロベルジュ & メランベルジェ『現代フランス前置詞活用辞典』（大修館書店, 1983）
・*Dictionnaire des structures fondamentales du français.*（Paris : CLE International, 1979）
・*Le Grand Robert : dictionnaire alphabétique et analogique de la langue française.*（Paris : Le Robert, 2005）
・*Trésor de la langue française*.（Paris : CNRS. 1971-1994. iPad application）
・Gross, G. *Les expressions figées en français : noms composés et autres locutions*.（Paris: Ophrys, 1996）
・*Grammatisches Wörterbuch Französisch*（*Dictionnaire syntagmatique du français*）.（主婦の友社、1970）
・*English-French French-English Dictionary*.（Paris : Larousse）
・『クラウン仏和辞典』（三省堂、2005）
・『プチ・ロワイヤル仏和・和仏辞典』（旺文社、2003）
・『ロワイヤル仏和中辞典』（旺文社、2005）
・『コンコルド和仏辞典』（白水社、1990）
・『小学館ロベール仏和大辞典』（小学館、1988）
・『白水社ラルース仏和辞典』（白水社、2001）

著者略歴

石野 好一（いしの こういち）
上智大学外国語学研究科博士後期課程単位取得退学。東京都立大学、愛知県立大学を経て、新潟大学人文学部教授を 2019 年に退官。専門はフランス語学、語用論、意味論。主要著書：『CD 活用 フランス語の入門』（白水社）、『中級フランス語文法 フランス語をもっと知るために』（駿河台出版社）

フランス語動詞を使いこなす

2020 年 5 月 25 日　印刷
2020 年 6 月 15 日　発行

著　者© 石　野　好　一
発行者　及　川　直　志
印刷所　研究社印刷株式会社

発行所　〒101-0052 東京都千代田区神田小川町 3 の 24
電話 03-3291-7811（営業部），7821（編集部）
www.hakusuisha.co.jp
乱丁・落丁本は送料小社負担にてお取り替えいたします。
株式会社白水社

振替　00190–5–33228　　Printed in Japan　　加瀬製本

ISBN978–4–560–08873–9